ROMOLO TANSINI

COACH IN AZIONE

Tutte le Tecniche e i Migliori Strumenti del Coaching per Raggiungere i Tuoi Obiettivi e Migliorare la Tua Vita

Titolo

"COACH IN AZIONE"

Autore

Romolo Tansini

Editore

Bruno Editore

Sito internet

http://www.brunoeditore.it

Sommario

Introduzione

Questo corso ha un duplice intento: fare da guida a chi è interessato a migliorare il proprio stato attuale o conseguire obiettivi nel medio-lungo termine; essere il punto di arrivo della *formazione coaching* per chi ha seguito i due corsi precedenti: *Coach di Te Stesso* e *Gli Strumenti del Coach* (Bruno Editore). Pertanto, mi indirizzerò sia al soggetto *cliente*, cioè al destinatario dell'azione di coaching, sia al *coach*, cioè al soggetto "motore" della stessa. In *Coach di Te Stesso*, primo corso in ordine cronologico e punto di partenza della formazione, ho introdotto le nozioni di base e i principi teorici del coaching; ho definito la figura e il ruolo del coach; ho legato la pratica alla teoria mediante esercizi utili sia a chi si pone come cliente, sia a chi, ponendosi come coach, può cogliere le basi della struttura e della presentazione delle tecniche e, al contempo, sperimentare su se stesso l'effetto della propria azione. Nel corso *Gli Strumenti del Coach*, mi sono focalizzato sulle tecniche del coaching per dotare il futuro coach di una "cassetta degli attrezzi" adeguata.

Nel presente corso, affronto il tema finale: le *strategie*, cioè i percorsi evolutivi complessi che integrano teoria, tecnica e pratica sul campo. Questo corso può essere utilizzato per:

- eseguire le strategie nella posizione del cliente, cioè di chi agisce sotto la guida del coach per migliorare il proprio stato o conseguire risultati importanti nel medio-lungo termine;
- esercitare le strategie interpretando il ruolo del coach, cioè di chi agisce con competenza e abilità pratica, per guidare il cliente lungo il percorso di realizzazione dei suoi desideri.

Di conseguenza, le strategie sono strutturate su due livelli:

- il livello cliente, che non richiede conoscenze e competenze preliminari e può, quindi, essere affrontato da chi intende semplicemente raggiungere un risultato;
- il livello coach, che richiede, invece, l'aver acquisito conoscenze e abilità specifiche. In particolare, al coach è richiesto di conoscere, oltre alle nozioni di base, le tecniche incluse nel corso *Gli Strumenti del Coach* indispensabili per eseguire le sezioni avanzate di approfondimento.

Come vedremo nel Capitolo 1, le strategie hanno una precisa finalità, impongono una sequenza ordinata di azioni e fanno uso di tecniche di coaching opportunamente integrate e "impilate". Chi intraprende un percorso come cliente non deve far altro che compiere i passi (azioni) nella sequenza e con le modalità di esecuzione indicate ed eseguire gli esercizi (tecniche applicate) rispettando le istruzioni. Il cliente non è in alcun modo coinvolto nella comprensione teorica di ciò che è proposto. Chi, invece, opera come coach, avrà la preparazione necessaria per comprendere la base teorica di una strategia, sarà coinvolto in azioni supplementari di approfondimento, potrà interpretare la strategia come addestramento in campo e modello di riferimento per la pratica del coaching.

Come ho affermato in altre occasioni, voglio anche qui ripetere, a beneficio degli aspiranti coach, che la pratica del coaching è enormemente potenziata da un'azione di **self-coaching** costante e preordinata. È di fondamentale importanza (oltre che utile e vantaggioso per se stessi) sperimentare in prima persona l'efficacia degli strumenti e la potenza delle strategie. Questo auto-test è, a mio modo di vedere, non solo una precondizione necessaria all'esercizio della "professione", ma anche una forma di rispetto e base di una consapevole sintonia con il proprio cliente. A tutti, voglio ripetere che **i miracoli possono avvenire** ma non senza obiettivi e impegno costante. Dire semplicemente «Io vorrei...» e sperare nel miracolo, è una forma espressiva che dall'illusione porta facilmente alla frustrazione. Cominciamo invece con il fermo proposito, formulato in modo adeguato: «Io voglio...»; da questo momento in poi tutto diventa possibile, anche il miracolo di vedere realizzato il sogno più ambizioso.

A tutti, buon lavoro!

CAPITOLO 1:

Passare dall'immaginazione alla realtà

Tutti noi sogniamo! Nel sogno la fantasia vola libera oltre i confini della vita reale e ci trascina in una dimensione senza spazio né tempo, dove tutto è possibile, dove non esistono vincoli né limiti. Ogni cambiamento importante inizia con un sogno, con l'immagine di qualcosa che ci proietta verso una condizione desiderata, un futuro migliore e più appagante. Tuttavia, per quanto questa immagine possa essere attraente, spesso capita che il sogno rimanga tale e che la realtà rappresentata resti confinata nel mondo delle illusioni. Per quale motivo? Non c'è risposta! Qualcuno ha la tendenza ad attribuire a cause esterne i propri insuccessi, a sentirsi vittima del destino o dell'umanità. Per quanto può essere vero che eventi non controllabili siano la causa della mancata realizzazione dei nostri desideri, l'abitudine a scaricarsi della responsabilità con espressioni quali: «La colpa non è mia..., Se X avesse..., Se Y non fosse accaduto...», diventa l'alibi (spesso inconscio) con cui si mascherano i fallimenti.

Qualcun altro, per contro, tende ad attribuire sempre a se stesso, oltre ogni lecita misura, le cause delle proprie sconfitte. Espressioni quali: «Non merito di..., Non sono capace...., Non mi è possibile...» sono sintomatiche di un atteggiamento di auto-limitazione inconscia contro il quale ogni possibilità di riuscita è destinata a soccombere.

È in queste circostanze, quando ci sente bloccati e incapaci di decidere e agire, che il coaching diventa un supporto insostituibile. Coaching significa "cambiamento". I cambiamenti nascono dal sogno o dalla necessità di ottenere "qualcosa di meglio". Una volta ottenuto l'oggetto del nostro desiderio, guardiamo avanti e riprendiamo a sognare. Il coaching si rivolge alla nostra immaginazione ma è immerso nel mondo reale e sa essere estremamente pratico. Il coaching mira a conseguire obiettivi e risultati positivi. Il coaching crea un ponte tra il mondo del sogno e quello della realtà. **Questo corso insegna come rendere realtà i nostri sogni**.

Il coach è il professionista che assiste e guida il cliente verso il conseguimento dei suoi obiettivi. Il coach efficace unisce nozioni teoriche e padronanza di strumenti alla capacità di pensare e agire con la consapevolezza che:

- per cambiare le situazioni e le circostanze indesiderate occorre lottare;
- per ottenere la libertà di scegliere ciò che veramente si vuole occorre lottare;
- i nemici della libertà sono le abitudini sulle quali ci adagiamo;
- l'ambiente in cui operiamo, gli amici e i familiari rinforzano le abitudini;
- anche piccole decisioni possono cambiare la vita;
- occorre essere consapevoli dello stato in cui ci si trova attualmente, sapere in che direzione si vuole andare, essere preparati a sostenersi durante il percorso;
- essere coach di se stessi significa essere il sognatore e il costruttore del cambiamento allo stesso tempo.

SEGRETO n. 1: il coach parla alla nostra immaginazione, invitandoci a sognare, con l'intento pratico di spingerci a

individuare e conseguire obiettivi e risultati positivi.

I punti di appoggio dell'azione del coach sono **convinzioni**, **valori** e **obiettivi**. In primo luogo, il coach aiuta il cliente a stabilire ciò che vuole (l'*obiettivo*) e a formularlo in modo adeguato (obiettivo "ben formato"); successivamente, lo assiste nella definizione del "modo in cui ottenerlo" (il *percorso*) senza trascurare il sistema di valori che lo dovrà sostenere durante il percorso; infine, è di supporto nella battaglia che il cliente dovrà affrontare contro le proprie convinzioni, sia quelle *limitanti* (che rischiano di sabotare il risultato atteso) che quelle *potenzianti* (che vanno continuamente alimentate come preziosa risorsa).

Come ho anticipato, in questo corso non tratterò dei fondamenti né dei principi del coaching; presenterò, invece, il *coaching in azione*, ovvero il coaching nella sua applicazione pratica che fa di questa disciplina un mezzo unico e potente per rendere concreti i propri sogni.

SEGRETO n. 2: l'azione di coaching ha tre punti di appoggio: obiettivi, valori e convinzioni. L'obiettivo fissa il risultato e il percorso per raggiungerlo; i valori sono il "movente"

dell'obiettivo e il "supporto" lungo il percorso; le convinzioni possono essere "risorse" o "ostacoli" da superare.

Le strategie di coaching

All'avvio di un percorso di coaching, ciascuno prende un impegno serio nei confronti della propria vita e della propria felicità. Ogni volta che ti confronti con un problema, per prima cosa devi analizzarlo per localizzare in quale zona del tuo *sistema-persona* si manifestano deficit e per fare il punto sulle tue risorse. Forse avrai bisogno di raccogliere maggiori informazioni rispetto all'**ambiente** in cui operi. Forse possiedi già tutte le informazioni ma non sai esattamente **cosa** fare. Forse sai già cosa fare ma non **come**. Forse ti chiedi se i comportamenti che metti in atto sono davvero coerenti con i tuoi **valori** e **credenze** più profondi. Forse ti chiedi se devi davvero **essere tu** a fare qualcosa. I percorsi di crescita che esploreremo potranno fornirti una risposta chiara e concreta a questi interrogativi. Questi percorsi si realizzano adottando **strategie** adeguate, strutturate, che prevedono l'impiego coordinato di tecniche, di questionari, tabelle di controllo e strumenti per la registrazione dei fatti e dei risultati rilevanti. Le strategie operano con uno scopo preciso e si possono connettere per realizzare ampi programmi di lungo termine.

SEGRETO n. 3: la strategia è un percorso di crescita con uno scopo specificamente definito che prevede l'impiego coordinato di tecniche e strumenti di supporto.

Presenterò in questo corso tre strategie:

1. Strategia Obiettivo/Risultato: per fissare obiettivi e ottenere risultati. Consente di definire obiettivi e stabilire il piano di realizzazione. È strutturata in **cinque fasi**: enuncia l'obiettivo in modo *formalmente corretto*; verifica la congruenza dell'obiettivo rispetto al *sistema di valori* soggettivo; contrasta le convinzioni limitanti e rafforza le convinzioni potenzianti; definisce il percorso per il suo raggiungimento; fornisce il supporto motivazionale lungo il cammino. Può essere utilizzata a se stante o come proseguimento della Strategia SA/SD o della Strategia Mission Driven. È presentata al Capitolo 2.

2. Strategia SA/SD: per ottenere il meglio di sé. Consente di passare da uno Stato Attuale (SA) a uno Stato Desiderato (SD). È strutturata in **tre fasi**: una fase preliminare per *mettere ordine in se stessi* – prendere consapevolezza dello scopo e del ruolo nella vita, stabilire la direzione in cui andare; una fase intermedia per *valutare lo stato attuale* – esaminare la condizione "ora" rispetto alle aree principali della vita, rilevare i problemi correnti e risolverli; una fase finale per *definire lo stato desiderato* – determinare e pianificare obiettivi coerenti col futuro desiderato. Si connette con la Strategia Obiettivo/Risultato per la gestione degli obiettivi.

3. Strategia Mission Driven: per affrontare prove impegnative. Consente di affrontare un impegno contratto con se stessi, o un incarico ricevuto da altri, di alto valore simbolico o di grande sfida. È strutturata in **sei fasi**: definisce e verifica gli aspetti peculiari della missione; verifica l'obiettivo generale della missione; pianifica l'azione; allinea il sistema di valori e credenze alla missione. Si connette con la Strategia Obiettivi/Risultato per gestire i traguardi intermedi che consentono di compiere la missione. È presentata al Capitolo 4.

Come scegliere e operare con le strategie

A questo punto è lecito domandarsi: «Che criterio uso nella scelta della strategia?» Personalmente, suggerisco di porre l'attenzione al "focus" su cui si intende rivolgere l'azione di coaching.

La Strategia Obiettivo/Risultato ha come focus il conseguimento di un risultato misurabile con i sensi. Quindi qualcosa di concretamente percepibile, del tipo: una casa, un'automobile, un certo livello di reddito ecc.

La Strategia SA/SD ha come focus qualcosa di più complesso, che ha che fare con la persona rispetto a una o più aree della vita. Ad esempio: migliorare la propria condizione finanziaria migrando a un livello di soddisfazione più elevato. In tal caso, il miglioramento può richiedere il raggiungimento di uno o più obiettivi e, al tempo stesso, può essere necessario un cambio di atteggiamento verso il proprio lavoro, una diversa concezione del denaro ecc. In altre parole, migrare da uno *stato attuale* a uno *stato desiderato* richiede di rivolgere il focus all'intero sistema-persona.

La Strategia Mission Driven è da applicare ogni volta che il tema centrale è il compimento di un'impresa o un incarico di alto valore morale o di grande impegno personale. In questo caso, si opera per vincere blocchi o paure iniziali rispetto all'opera che si ha di fronte a sé e per costruire un solido allineamento della persona alla missione.

Le strategie sono presentate secondo un modello comune che prevede tre sezioni:

- *Sezione Struttura*: elenca i passi della strategia, suddivisi in fasi e attività, con note di carattere generale e interpretativo delle convenzioni e dei simboli utilizzati;
- *Sezione Procedurale*: contiene la descrizione dettagliata delle fasi e delle attività in ordine cronologico di esecuzione;
- *Sezione Supporti (prodotti, strumenti, modelli)*: contiene la descrizione degli elementi di supporto utilizzati nella sezione procedurale: strumenti, modelli di riferimento ecc.

Per convenzione, nel seguito userò la notazione * per indicare le parti (*Attività, *Supporti ecc.) riservate al coach, cioè a chi, come detto nell'Introduzione, ha seguito il corso *Gli Strumenti del Coach*.

RIEPILOGO DEL CAPITOLO 1:

- SEGRETO n. 1: Il coach parla alla nostra immaginazione, invitandoci a sognare, con l'intento pratico di spingerci a individuare e conseguire obiettivi e risultati positivi.

- SEGRETO n. 2: L'azione di coaching ha tre punti di appoggio: obiettivi, valori e convinzioni. L'obiettivo fissa il risultato e il percorso per raggiungerlo; i valori sono il "movente" dell'obiettivo e il "supporto" lungo il percorso; le convizioni possono essere "risorse" o "ostacoli" da superare.

- SEGRETO n. 3: La strategia è un percorso di crescita con uno scopo specificamente definito che prevede l'impiego coordinato di tecniche e strumenti di supporto.

CAPITOLO 2:
Come fissare obiettivi e ottenere risultati

Obiettivo/Risultato è la strategia che consente di definire un obiettivo e di conseguire il risultato finale a esso connesso. È un percorso complesso (non complicato!) che impiega vari strumenti, strutturato in **cinque passi** principali:

- enunciazione dell'obiettivo;
- verifica dell'obiettivo;
- allineamento dei valori personali all'obiettivo;
- definizione del piano d'azione;
- auto-motivazione.

Chi ha completato il corso *Gli Strumenti del Coach* potrà riconoscere come l'applicazione dello strumento *CO01 – Definizione dell'obiettivo* sia fortemente potenziata da ulteriori elementi chiave di questa strategia il cui scopo è *mettere in grado chiunque di raggiungere il risultato desiderato.*

Obiettivi "ben formati"

Conseguire il risultato desiderato è possibile a condizione che siano verificati determinati presupposti. Questi presupposti si chiamano "requisiti dell'obiettivo" e rappresentano la base teorica della **Gestione degli Obiettivi**. Chi conosce l'argomento può procedere al punto successivo anche se una rapida rilettura non può che essere un conveniente atto preparatorio allo studio della strategia. Il tema è riconducibile alla domanda: «Come deve essere definito un obiettivo?» È provato che **nell'enunciato dell'obiettivo risiede gran parte della potenzialità del successo**. Il coaching, beneficiando delle scoperte della PNL (Programmazione Neuro-Linguistica), opera una sintesi delle proprietà di un obiettivo "ben formato" negli acronimi PEPSI, SMART, PRE. Vediamo di chiarirne brevemente il significato.

Affinché un obiettivo possa essere considerato "ben formato" (quindi, con reali potenzialità di essere raggiunto), deve essere:

- PEPSI:
    P – *espresso al tempo presente* (proietta la mente al risultato);
    E – *emozionale* (fissa la mente al risultato);

P – *espresso in termini positivi* (evitare le formulazioni in negativo focalizza la visualizzazione del risultato);

S – *sensorialmente basato* (percepibile con i sensi: vista, udito, sensazioni);

I – *immaginativo* (immaginare il risultato aiuta a creare "adesso" la realtà futura).

- SMART:

  S – *specifico* (descrivibile in una riga; facile e semplice da ricordare);

  M – *misurabile* (avere un criterio per stabilire quando è raggiunto);

  A – *acquisibile* (realisticamente fattibile in base alle risorse disponibili);

  R – *ragionevole* (rispondere a un "perché");

  T – *tempificato* (avere una scadenza entro cui conseguire il risultato).

- PRE:

P – *primo passo* (sapere qual è la prima azione del percorso da compiere);

R – *responsabilità personale* (non deve dipendere da altri; io sono l'unico responsabile del risultato);

E – *ecologico* (non deve andare a svantaggio di altri).

Vedremo, nel seguito, come e quando verificare queste qualità.

SEGRETO n. 4: nell'enunciato dell'obiettivo risiede gran parte della potenzialità del successo; l'obiettivo deve rispettare i requisiti richiamati dagli acronimi PEPSI, SMART, PRE.

Strategia Obiettivo/Risultato – Sezione Struttura

La struttura è rappresentata dalle attività, organizzate in fasi, e dai supporti che, nel caso specifico, sono gli strumenti. Di seguito li elenco per darne un quadro riepilogativo; per la loro descrizione rimando alle rispettive sezioni.

Fasi/Attività

Fase 1 – Enunciare l'obiettivo

(**Che cosa** vuoi?)

Attività A1 – Dichiara l'obiettivo

Attività A2 – Perfeziona l'obiettivo

Fase 2 – Verifica l'obiettivo

(**Perché** lo vuoi?)

Attività A3 – Individua il vero obiettivo

Attività A4 – Affina la definizione

(Con quali **convinzioni**?)

Attività A5 – Individua i limiti autoimposti

Attività A6 – Rafforza le convinzioni

(Con quali **risorse**?)

Attività A7 – Individua le risorse che ti necessitano

(Con quali **conseguenze**?)

Attività A8 – Stabilisci l'ecologia dell'obiettivo

Fase 3 – Allineare i livelli

(Con quale **congruenza**?)

Attività A9 – Stabilisci la congruenza dell'obiettivo con la tua personalità (allineamento)

Fase 4 – Definire il piano

(Con quali **azioni**?)

Attività A10 – Definisci il piano d'azione

Fase 5 – Sostieni la motivazione

(Con quale **motivazione**?)

Attività A11 – Descrivi e visualizza il risultato.

Fasi e attività vanno eseguite nell'ordine indicato, prendendo il tempo necessario e permettendo alla parte istintiva di esprimersi senza condizionamenti e sabotaggi della parte razionale.

Strumenti

CA15 – Visualizzare il risultato

CA16 – Stabilire il piano d'azione

VA10 – Creare allineamento verso l'obiettivo o la missione.

*CO01 – Definire gli obiettivi

*CA10 – Rendere il futuro desiderabile

*CR01 – Valutare le convinzioni

*CR02 – Mentori interiori per costruire sicurezza e rafforzare le convinzioni

*CR03 – La struttura del "come se"

*CR04 – Revisione delle convinzioni

Gli Strumenti contrassegnati con * sono inclusi nel corso *Gli Strumenti del Coach*.

Strategia Obiettivo/Risultato – Sezione Procedurale

Fase 1 – Enunciare l'obiettivo

Attività A1 – Enuncia l'obiettivo

Scopo: dichiarare l'obiettivo in modo spontaneo, senza l' "intrusione" della mente razionale. Rispondi alle seguenti domande in base all'effettiva circostanza:

- Che cosa vuoi?

- Qual è lo stato problematico che vuoi cambiare?

Rispondi in modo spontaneo esprimendo qual è il tuo desiderio.

Attività A2 – Perfeziona l'obiettivo

Scopo: perfezionare la dichiarazione dell'obiettivo facendo in modo che essa risponda ai requisiti indicati. Rispondi nuovamente alla domanda:

- Che cosa vuoi?

Fai in modo che l'enunciato sia **P**ositivo, **P**resente, **S**ensoriale, che abbia **R**esponsabilità personale, che sia **A**cquisibile.

Fase 2 – Verificare l'obiettivo

Attività A3 – Individua il vero obiettivo

Scopo: individuare l'obiettivo che spesso si "nasconde" dietro la prima enunciazione e il valore che lo motiva. Rispondi alle seguenti domande:

- Perché vuoi raggiungere questo obiettivo?
- Che cosa farà per te?
- Che cosa potrà darti?
- Quando avrai raggiunto l'obiettivo, che cosa ne ricaverai?

Le risposte conducono, in genere, a un altro obiettivo o a un valore. Continuando a chiedersi «Perché vuoi raggiungere questo obiettivo?» difficilmente si supera il terzo "perché". Quando ci si ferma (magari tornando a riformulare la prima risposta), allora **si è individuato il vero obiettivo**; quando la risposta è, invece, un *valore* (tipo: serenità, salute, benessere…), chiediti:

- Quando avrai soddisfatto questo valore, che cosa ne

ricaverai?

La risposta porta a individuare un altro valore. Continua fino a scoprire il valore fondamentale. **Questo valore dovrà essere rispettato durante tutto il percorso verso l'obiettivo.** Per stabilire quando si è arrivati al valore fondamentale, segui questi criteri:

- stessa "parola" (valore) ripetuta più volte;
- parola sottolineata con particolare enfasi (magari accompagnata con gesti o con un diverso tono di voce);
- asserzione legata fortemente all'identità (Io…);
- quando si crea un circolo di risposte in cui si ritorna sempre a ciò che si è detto in precedenza.

Attività A4 – Affina la definizione

Scopo: stabilire come misurare l'obiettivo ed entro quanto tempo raggiungerlo. Rispondi alle domande:

- Come saprai di aver ottenuto ciò che vuoi?
- Che cosa devi vedere, ascoltare o sentire per sapere di aver conseguito il risultato?

Esprimi in questo modo il requisito **Misurabile**.

* Dove, quando e con chi vuoi raggiungere l'obiettivo?

Definisci un contesto e un **Tempo** entro cui l'obiettivo deve essere raggiunto. Probabilmente ci sono luoghi più adatti, persone che vuoi al tuo fianco o che non vuoi. Questi dati devono essere specificati e motivati nel modo più dettagliato possibile: sono informazioni che sono elaborate dal cervello e che influenzano in modo determinante i processi decisionali.

Attività A5 – Individua i limiti autoimposti

Scopo: verificare il *sistema di convinzioni* che sostiene l'obiettivo.

Estrai eventuali convinzioni limitanti: cosa ti impedisce di raggiungere il tuo obiettivo adesso? Fai una descrizione sensoriale evitando parole astratte. Controlla i limiti autoimposti che vengono fuori in questo passo.

Valuta il grado di convinzione rispetto all'obiettivo

Usa le affermazioni che seguono e assegna a ciascuna un punteggio da 1 (minimo) a 5 (massimo). Il coach, avendo superato il corso *Gli Strumenti del Coach*, ritroverà qui l'applicazione dello *Strumento CR01 – Valutazione delle convinzioni*.

- l'obiettivo è **desiderabile** e ne vale la pena: = ... punti;
- è **possibile** raggiungere l'obiettivo: = ... punti;
- tutto ciò che è necessario fare per raggiungere l'obiettivo è **appropriato** ed **ecologico**: = ... punti;
- l'obiettivo è **realizzabile** perché ho le capacità necessarie per raggiungerlo: = ... punti;
- ho la **competenza** necessaria e lo **merito**: = ... punti.

Attività A6 – Rafforza le convinzioni

Scopo: in caso di dubbi o blocchi rispetto all'obiettivo, è opportuno ricorrere a qualche strumento di sostegno prima di proseguire. Le risposte alle domande che seguono aiutano a riflettere e superare i limiti o i blocchi che si nascondo nelle nostre convinzioni. Il coach potrà anche ricorrere all'applicazione degli strumenti *CR02 – Mentori interiori per costruire sicurezza e rafforzare convinzioni*; *CR03 – La struttura del "come se"*; *CR04 – Revisione delle convinzioni*. Rispondi alle seguenti domande:

- Che cosa avrei bisogno di sapere, che cosa sarebbe necessario aggiungere al mio obiettivo, in cosa dovrei credere per essere più congruente e sicuro di me?

- Chi sarebbe il mio Mentore di quella conoscenza o di quella convinzione?

- Quale messaggio o consiglio potrebbe darmi?

- Come posso confutare questa convinzione e con quale contro-esempio?

Rispondi senza precluderti alcuna possibilità e non permettere che la tua mente razionale si frapponga con argomentazioni scontate.

Attività A7 – Individua le risorse che ti necessitano
Scopo: individuare le risorse necessarie, anche quelle personali, ricercando nel passato memorie associate a queste risorse.

Individua le risorse che già possiedi (o ritieni di aver posseduto nel passato)
Metti per iscritto le risorse che ti servono, magari suddividendole

nelle cinque categorie proposte. Per quanto riguarda le "qualità personali", ricercale nel passato e rivivi quei momenti per renderle accessibili e fortificarle:

- *oggetti* (computer, casa, ufficio);
- *persone* (amici, colleghi, familiari);
- *qualità personali* (determinazione, capacità di persuasione, abilità di concentrazione, conoscenze);
- *risorse economiche.*

Individua le risorse che non possiedi

Di quali altre risorse hai bisogno?

- risorse;
- qualità personali (memorie).

Se ritieni di non possedere queste risorse, lascia correre l'immaginazione e imprimi nella mente le immagini e le sensazioni. Così facendo attivi un processo di focalizzazione sulla risorsa e di auto-motivazione che lavorerà a tuo favore nel tempo (è, ancora una volta, l'applicazione dello strumento *CR03 – La struttura del "come se"*).

Attività A8 – Stabilisci l'ecologia dell'obiettivo

Scopo: verificare che l'obiettivo sia soddisfacente per te e per chi ne è influenzato. Rispondi alle domande:

- Quali sono le conseguenze del tuo obiettivo?

- Chi/che cosa, oltre a te, può essere influenzato dal raggiungimento di questo obiettivo? In che modo?

- A quali condizioni vuoi che questo obiettivo sia raggiunto?

- A quali condizioni NON vuoi che sia raggiunto? Quali condizioni sono inaccettabili per il raggiungimento di questo obiettivo?

- Ne vale la pena?

- Cosa c'è di positivo nella situazione attuale che vuoi mantenere una volta raggiunto l'obiettivo?

- Quali sono i cambiamenti fondamentali positivi e negativi prodotti nella tua vita dal raggiungimento di questo obiettivo?

Fase 3 – Allineare i livelli

È fondamentale che tutto il tuo sistema-persona sia congruente con l'obiettivo che ti sei posto. La fase mira a verificare e a ottenere l'allineamento della tua personalità ai vari livelli.

Attività A9 – Stabilisci la congruenza dell'obiettivo con la tua personalità (allineamento)

Scopo: verificare che l'obiettivo sia congruente con la tua personalità e le tue convinzioni più profonde. Rispondi alle domande:

- Questo obiettivo è congruente con le tue convinzioni, i tuoi valori e la tua identità?
- Le azioni, i modi e i mezzi necessari al raggiungimento di questo obiettivo sono congruenti con chi sei e con chi vuoi essere?

Dopo aver risposto con massima sincerità, aver verificato che tutte le condizioni siano congruenti con il tuo obiettivo, esegui l'esercizio *VA10 – Creare allineamento verso l'obiettivo o la missione* che trovi nella sezione Strumenti di questa strategia.

Fase 4 – Definire il piano

Sei giunto al punto culminante della fase preparatoria: la definizione del piano che ti metterà in grado di conquistare il risultato che desideri.

Attività A10 – Definisci il piano d'azione

Scopo: stabilire il piano d'azione, i punti e i criteri di verifica dei risultati. Rispondi alle domande:

- Quale strategia intendi attuare?

- Ci sono più strade per arrivare all'obiettivo?

Trova il maggior numero di scelte possibili. Per aiutarti a stabilire il piano d'azione usa lo strumento *CA16 – Stabilire il piano d'azione*.

- Quale delle strategie individuate hai deciso di attuare?

- La realizzazione dell'obiettivo dipende interamente da te e dalle persone coinvolte nella sua realizzazione?

- Che cosa puoi controllare in merito all'obiettivo?

- Che cosa non puoi controllare?

Le domande ci fanno capire se il processo di raggiungimento dell'obiettivo può essere iniziato e mantenuto da te.

Quali sono, nello specifico, le azioni da compiere, le risorse da attivare, i mezzi da utilizzare, i luoghi e le persone coinvolte, i tempi di realizzazione? Elenca:

- azioni;

- risorse;

- mezzi;

- luoghi;

- persone;

- tempi.

Rispondi alle seguenti domande:

- Qual è la sequenza delle cose da fare?

- Puoi prevedere obiettivi a medio termine? Se sì, quali?

- In che modo puoi creare sinergie tra questi obiettivi?

- Come ti accorgerai che gli obiettivi a medio e a lungo termine saranno stati raggiunti?

- Che cosa fai ADESSO per incominciare il processo che ti porterà al raggiungimento del tuo obiettivo?

- A chi puoi delegare alcune attività?

- Quali risorse devi necessariamente attivare subito?

- Quali decisioni devi assolutamente prendere ora?

A questo punto sei pronto ad avviare il tuo piano d'azione per conseguire con successo il tuo obiettivo. Devi però badare a mantenere alta la tua motivazione. Per questo, esegui l'Attività A11 tutte le volte che ne senti la necessità.

Fase 5 – Sostenere la visualizzazione

Il percorso verso l'obiettivo può essere lungo e faticoso; per questo è importante che tu mantenga alto e vivo il tuo desiderio.

Attività A11 – Descrivi e visualizza il risultato

Scopo: mantenere alta lo "stimolo" motivazionale verso il risultato finale. Segui uno dei due metodi a tua preferenza:

1° Metodo – Uso dei canali sensoriali

Metti per iscritto il tuo "sogno" cercando di attivare tutti i canali sensoriali. Scrivi un testo che contenga questi aspetti:

- *Visione* – Come mi vedo, dove mi trovo, con chi sono, cosa faccio…

- *Missione* – Come ci arrivo, come parlo, come mi esprimo, quali ostacoli ho superato, chi mi ha aiutato, chi non mi ha aiutato?

- *Fisiologia* – Come mi sento, che sensazioni provo?

Rileggi il testo tutte le volte che senti calare o vuoi potenziare la tua motivazione.

2° Metodo – Rendere desiderabile il risultato

Puoi sostenere la motivazione mediante la *Tecnica CA15 – Visualizzazione del risultato*, descritta nella Sezione Supporti. Il coach potrà, in alternativa, applicare lo *Strumento CA10 – Rendere il futuro desiderabile* (Corso *Gli Strumenti del Coach*).

RIEPILOGO	
Obiettivo:	
Valori	Convinzioni
Risorse	Azioni

Traccia il quadro dei pilastri del tuo obiettivo. Rileggilo, aggiornalo e fissalo nella mente. Ricorri agli strumenti che ti ho indicato tutte le volte che ne hai la necessità. Riprendi dai punti precedenti e trascrivi in tabella i *Valori*, le *Convinzioni*, le *Risorse*, le *Azioni* del piano. Perfezionale col tempo lasciandoti guidare dalle indicazioni e dalle domande che ti sono proposte nelle varie attività. Ricorda che devi concederti il tempo necessario per la messa a punto dell'obiettivo anche rieseguendo più volte una stessa attività.

SEGRETO n. 5: la Strategia Obiettivo/Risultato consente di definire un obiettivo e conseguire il risultato finale connesso in cinque fasi.

Strategia Obiettivo/Risultato – Sezione Supporti
CA15 – Visualizzazione del risultato
La tecnica permette di costruire visioni positive del futuro per mantenere alta la motivazione.

1. Costruisci il sogno
Porta alla mente il tuo obiettivo e crea un'immagine dettagliata

del risultato finale: cosa vedi, cosa senti, quali sensazioni provi? Più dettagli aggiungi, più l'immagine si arricchisce e diventa avvincente.

2. Proietta il sogno nel futuro

Costruisci mentalmente una "linea del tempo" (immagina una larga striscia argentata, posta davanti ai tuoi occhi, col passato a sinistra, il presente di fronte, il futuro a destra) e colloca questa immagine nel futuro, sulla linea del tempo, a una distanza pari alla scadenza temporale che ti sei dato per raggiungere il risultato. Lascia che sia il tuo inconscio a stabilire la distanza. Dalla posizione in cui sei (nel presente) osserva questa immagine collocata nel futuro. Osservala come fosse un film che si proietta alla distanza in cui hai collocato l'immagine.

3. Proietta te stesso nel futuro

Portando con te l'esperienza di questa visualizzazione, percorri la linea del tempo fino al punto nel futuro, dove hai collocato l'immagine. Da questa posizione, voltati e osserva il presente (da dove sei partito) e chiediti:

- Qual è il percorso che devo intraprendere per rendere concreto il futuro che ho visualizzato?

- Quali sono gli ostacoli che potrei incontrare durante il percorso, e come posso superarli?
- Che cosa deve accadere, quali sono i processi e quali i cambiamenti che mi permettono di passare dallo Stato Attuale allo Stato Desiderato?

Prenditi il tempo necessario per rispondere alle domande lasciandoti guidare dalla tua parte istintiva e immaginativa.

4. Torna al presente

Dalla posizione nel futuro in cui ti trovi, torna alla posizione del presente, portando con te le esperienze raccolte e nota come il presente si stia arricchendo di nuova energia. Rileggi le risposte che hai dato al passo precedente e chiediti:

Qual è il primo passo da fare per realizzare il mio piano?

CA16 – Stabilire il piano d'azione

Un piano d'azione comporta una pianificazione nel tempo, di cui devi in qualche modo riuscire a darti una rappresentazione. Il modo migliore di rappresentare il tempo è intenderlo come una distanza sulla *linea della vita*. Esegui i passi nell'ordine indicato:

1. Metti per iscritto l'obiettivo da raggiungere e il valore fondamentale che sta dietro di esso.

2. Traccia una linea del tempo sul pavimento. Stabilisci dove si trova il presente e dove si trova il futuro. Determina **quando** intendi raggiungere l'obiettivo e **quanto** è distante nel futuro.

3. Prendi la descrizione del tuo obiettivo (quella che hai prodotto in 1) e posala nel punto che rappresenta il momento in cui hai deciso di raggiungerlo.

4. Mettiti sopra il pezzo di carta che contiene la descrizione dell'obiettivo nel punto che corrisponde al futuro e sentiti realmente partecipe di quel momento. Visualizza il risultato, goditi tutti i benefici che il risultato conseguito ti sta arrecando. Vivi intensamente il momento. Prova tutte le piacevoli sensazioni del risultato raggiunto.

5. Quando sei realmente e intensamente partecipe del momento, chiediti:

   Che cosa ho fatto immediatamente prima di questo momento?

   La risposta sarà il passo operativo che ha preceduto il raggiungimento dell'obiettivo. Prendi nota (naturalmente si tratterrà di un'azione di qualche tipo).

6. Quando sei pronto fai un passo indietro verso il presente.

7. Una volta arretrato di un passo, ti trovi nel punto corrispondente all'azione che ha immediatamente preceduto l'obiettivo; concentrati su quel momento: *Che cosa stai facendo ora?* Cerca di vedere, sentire e provare dentro di te che cosa significa esattamente avere compiuto quel passo. Cerca di sentirlo il più reale possibile. Assicurati di essere veramente concentrato e presta attenzione alle tue sensazioni. Per essere realmente concentrato e sentire il momento, sforzati di parlare in prima persona e al presente indicativo.

8. Quando hai raggiunto la piena consapevolezza, domandati:
Che cosa ho fatto immediatamente prima di questo momento per renderlo possibile?
Annota la risposta.

9. Ora fai un altro passo indietro.

10. Procedi nello stesso modo fino a quando sarai arrivato al momento presente. Assicurati che i passi operativi siano **almeno sei**, questo per essere sicuro che siano sufficientemente precisi e che ciascuno sia descritto al presente indicativo. Non darti risposte troppo disinvolte.

11. Quando sei nel momento presente, domandati cosa ne pensi di questo piano d'azione e, nel farlo, spostati lateralmente rispetto

alla linea del tempo. Chiediti come ti sembra il tuo piano da questa posizione esterna. Nel far questo ti offri due modi di valutare il piano:

Primo – mentre ti trovi nel presente hai davanti a te un'intera successione di passi operativi;

Secondo – mettendoti in un momento temporale esterno, hai una posizione più vasta da cui valutare l'intero percorso in modo più critico. **Ricordati che sono necessarie entrambe le prospettive**.

12. In entrambe le situazioni, poniti queste domande:

Che sensazioni mi dà questo piano di azione?

C'è qualcosa che vorrei cambiare nella successione dei passi operativi?

Manca qualcosa di importante, ci sono dei passi superflui?

13. Quando hai fissato tutti i passi operativi e le loro scadenze, torna al presente e riprendi il cammino verso l'obiettivo futuro, cercando di immaginare ciascuno dei passi operativi. Aiutati a ricordare passi e scadenze utilizzando gli appunti presi. In questo modo analizzerai nuovamente i diversi passi operativi, procedendo questa volta in senso inverso, **dal presente al futuro**, ripetendo mentalmente il piano d'azione e rendendolo di fatto più

reale. In questo modo il piano d'azione è suddiviso in passi successivi più facilmente realizzabili.

VA10 – Creare allineamento verso l'obiettivo o la missione

Lo strumento ha lo scopo di organizzare le capacità individuali, le risorse e le azioni di cui si ha bisogno per realizzare un obiettivo. Esegui i seguenti passaggi nell'ordine:

1. Disponi sul pavimento sette fogli di carta colorata, ciascuno rappresentante un diverso livello della tua personalità, che denominerai: *Ambiente, Comportamenti, Capacità, Credenze, Valori, Identità, Missione.*

2. Richiama alla mente il tuo obiettivo e fai *come se* lo avessi già raggiunto. Vivi con tutto te stesso il senso di pienezza che scaturisce dall'aver raggiunto la meta desiderata. *Mantieni la cornice del "come se" per tutto l'esercizio.* L'esercizio consiste nel percorrere tutti i livelli della personalità nella cornice "come se" per attivare tutte le capacità intuitive e associative in funzione del conseguimento del tuo obiettivo. Se durante il percorso si manifestano blocchi, deficit di risorse o interferenze, puoi passare al livello superiore, arricchirti delle risorse che ti occorrono per poi tornare al livello

sottostante e continuare il percorso.

Parte prima

3. Dalla posizione di partenza fai un passo avanti, entra nello spazio *Ambiente* e rispondi alle seguenti domande:

   Dove sei?

   Presta attenzione a cosa vedi, a cosa ascolti, a come percepisci l'ambiente, agli odori intorno a te ed eventualmente ai sapori che provi una volta conseguito il tuo obiettivo.

   Sei solo in questo ambiente?

   Chi altro è con te in questo luogo?

   Cosa in questo ambiente è per te fonte di risorse?

   Trascrivi le risorse del livello *Ambiente*.

4. Ora spostati nello spazio *Comportamenti* e rispondi a queste domande:

   Quali sono i comportamenti che metti in atto in questo ambiente?

   Che cosa stai facendo?

   Quali azioni metti in atto?

   Quali sono le reazioni del corpo?

Trascrivi le risorse del livello *Comportamenti*.

5. Ora spostati nello spazio *Capacità* e rispondi alle seguenti domande:

Quali sono le tue capacità e competenze specifiche?

Quali capacità, quali strategie ti permettono di sviluppare e organizzare i comportamenti che metti in atto riguardo al tuo obiettivo?

Trascrivi le risorse del livello *Capacità*.

6. Ora spostati nello spazio *Credenze* e rispondi alle seguenti domande:

Quali sono le tue credenze rispetto al conseguimento del tuo obiettivo?

Trascrivi le risorse del livello *Credenze*.

7. Ora spostati nello spazio *Valori* e rispondi alle seguenti domande:

Cosa ti ha profondamente motivato al conseguimento dell'obiettivo desiderato?

Quali sono i tuoi valori e quali i criteri di soddisfazione di tali valori?

Trascrivi le risorse del livello *Valori*.

8. Ora spostati nello spazio *Identità* e rispondi alle seguenti

domande:

Chi sei?

Che concetto hai di te stesso come uomo/donna?

Raggiunto l'obiettivo desiderato, come vedi te stesso in questa situazione?

Qual è la tua missione?

Trascrivi le risorse del livello *Identità*.

9. Ora spostati nello spazio *Missione* e rispondi alle seguenti domande:

Per chi fai ciò che stai facendo?

Chi partecipa con te in quello che stai facendo?

Di quale sistema più grande fai parte?

C'è una missione/visione al di là della tua persona cui stai dando un contributo?

Trascrivi le risorse del livello *Appartenenza*.

Parte seconda

La seconda parte dell'esercizio consiste nel ripercorrere a ritroso tutti i livelli neurologici tenendo ben presente le risorse ricavate su ciascun livello. Lo scopo è compiere l'integrazione di risorse, cioè arricchire ulteriormente ciascun livello trasportando idealmente di volta in volta le risorse del livello superiore a quello inferiore.

10. Dal livello *Missione* in cui ti trovi al termine della prima parte dell'esercizio, torna indietro al livello *Identità* portando con te le risorse del livello appartenenza e rispondi alle domande:

Chi sei ora, come uomo/donna, arricchito della nuova esperienza di appartenenza?

Qual è la tua identità? Qual è la tua missione?

11. Torna al livello *Valori* portando con te le risorse del livello *Identità* e rispondi alle domande:

Quali sono i tuoi valori ora, arricchito della nuova percezione che hai di te stesso?

12. Torna al livello *Credenze* e rispondi alle domande:

Quali sono ora le tue credenze?

13. Trasporta idealmente la tua appartenenza, i tuoi valori, la tua identità e le credenze al livello *Capacità* e rispondi alle domande:

Arricchito da queste nuove esperienze e risorse quali sono ora le tue capacità?

14. Spostati nello spazio *Comportamenti* e rispondi alle domande:

Le competenze e le capacità che possiedi, in che modo influiscono sui tuoi comportamenti?

Come migliorano le tue azioni?

Come cambiano le tue reazioni?

Quali nuovi comportamenti metti in atto?

Migliorano i risultati e in che misura?

15. Spostati infine nello spazio *Ambiente* e nota come la percezione dell'ambiente e la percezione di te stesso in questo ambiente si siano arricchite grazie al contributo dell'allineamento dei livelli neurologici; prenditi il tempo necessario per godere la piacevole sensazione di pienezza che scaturisce dalla coerenza dell'allineamento. Respira profondamente e presta attenzione ai cambiamenti in positivo nella tua fisiologia: **scrivi le tue osservazioni**.

16. Hai ora un'importante lista di risorse su cui lavorare; chiediti:

Cosa farò a breve e a lungo termine, per sviluppare, acquisire o potenziare le risorse individuate?

Il processo di acquisizione o potenziamento delle risorse Comportamenti *e* Capacità *è completamente sotto il mio controllo oppure ho bisogno di risorse esterne?*

Se sì, come posso procurarmele? Ci sono ostacoli

all'acquisizione delle risorse? Come posso superarli?

17. Approfondisci le risposte a tutti i livelli; controlla la coerenza ripetendo di tanto in tanto l'esercizio dell'allineamento.

SEGRETO n. 6: la Strategia Obiettivo/Risultato utilizza strumenti dei livelli Comportamento, Capacità, Valori e Credenze per: perfezionare la definizione dell'obiettivo, combattere i limiti auto-imposti, formare piani d'azione credibili, sostenere la motivazione lungo il percorso.

RIEPILOGO DEL CAPITOLO 2:

- SEGRETO n. 4: Nell'enunciato dell'obiettivo risiede gran parte della potenzialità del successo; l'obiettivo deve rispettare i requisiti richiamati dagli acronimi PEPSI, SMART, PRE.

- SEGRETO n. 5: La Strategia Obiettivo/Risultato consente di definire un obiettivo e conseguire il risultato finale connesso in cinque fasi.

- SEGRETO n. 6: La Strategia Obiettivo/Risultato utilizza Strumenti dei livelli comportamento, Capacità, Valori e Credenze per: perfezionare la definizione dell'obiettivo, combattere i limiti auto-imposti, formare piani d'azione credibili, sostenere la motivazione lungo il percorso.

CAPITOLO 3:
Come ottenere il meglio di sé

La **Strategia SA/SD** si fonda sul principio che per dare una direzione alla propria vita occorre, anzitutto, prendere coscienza della situazione attuale e del livello di soddisfazione che ne traiamo. L'analisi dello **Stato Attuale** (SA) ci costringe a esplorare tutte le aree principali della vita, sia da un punto di vista generale, sia attraverso il filtro dei *livelli* che compongono la nostra personalità. A questo proposito impieghiamo due modelli (o metafore) comunemente noti come:

- *Ruota della Vita* (strumento molto noto nel coaching);
- *Livelli di Pensiero* (o livelli neurologici), modello PNL elaborato da Robert Dilts.

Sul secondo non mi soffermo poiché utilizzato esclusivamente nelle sezioni riservate al coach (come detto in precedenza sono attività che richiedono conoscenze di PNL e coaching disponibili nei corsi *Coach di Te Stesso* e *Gli Strumenti del Coach*). Per quanto riguarda la Ruota della Vita, qui basta dire che è un mezzo per rappresentare, simbolicamente, il livello di equilibrio delle aree importanti della vita:

- ambiente e beni materiali;
- fisico e salute;
- lavoro e carriera;
- valorizzazione personale;
- relazioni sociali;
- vita sentimentale;
- divertimento e svago;
- famiglia;
- emozioni.

Non mi dilungo perché risulterà tutto molto chiaro nel seguito. È interessante notare come il miglioramento in un dato settore riesca a migliorare anche altre aree, con una sorta di effetto domino. Per esempio, iniziando a porre maggior attenzione alla *valorizzazione personale*, si possono avere effetti positivi nel *lavoro e carriera* e, di conseguenza, migliorare anche le *finanze*. Spesso nella Ruota della Vita c'è un punto su cui fare leva, un punto in cui, anche solo con un piccolo sforzo, si possono ottenere grandi risultati. È buona norma confrontarsi mensilmente con la propria Ruota della Vita in modo da avere un buon *feedback* riguardo all'andamento dell'attività di coaching. L'obiettivo non è essere soddisfatti al 100% in tutti gli ambiti dell'esistenza. Quale che sia il grado di soddisfazione si finisce sempre per assuefarsi e, prima o poi, si comincerà a volere di più.

Capita a volte che, con il procedere dell'azione di coaching, tu ti senta maggiormente insoddisfatto. Potrebbe darsi che, inizialmente, tu sia soddisfatto al 70% della tua situazione economica. È possibile tuttavia che ti renda conto, poco tempo dopo, che dovresti puntare più in alto, sentire di meritare di più e sentire di essere sottopagato. In tal caso, il tuo grado di soddisfazione economico potrebbe precipitare al 50%.

La Ruota della Vita è un mezzo che ti costringe a prendere consapevolezza del tuo stato attuale. Per approfondire l'indagine è però necessario procedere a ispezionare ciascuna area rispetto all'intero sistema-persona. Per questo, dovremo procedere secondo i *Livelli di Pensiero* della PNL:

- a livello *ambiente* metteremo in luce percezioni, interazioni, limitazioni e opportunità del contesto ambientale relativo all'area in esame;
- a livello *comportamento* scopriremo gli schemi comportamentali e di comunicazione, le inadeguatezze e le occasioni di miglioramento;
- a livello *capacità* dichiareremo le abilità e le competenze di cui disponiamo; le necessità di adottare nuove strategie e le eventuali carenze da colmare;
- a livello *valori e credenze* esprimeremo le cose in cui crediamo e desideriamo e ciò in cui non crediamo o rifuggiamo. Verranno messi in luce conflitti e incongruenze (potenziali cause di insoddisfazione) e volontà di cambiamento;
- a livello *identità* verranno messi in luce il senso di identità e la percezione che abbiamo del nostro valore personale; la spinta al cambiamento o la voglia di conservare lo *status quo*;

- a livello *missione* scopriremo la missione e la visione che abbiamo della vita; il senso di appartenenza e la motivazione (o non-motivazione) a operare per un più alto scopo rappresentato da un "chi" o da un "cosa".

La conoscenza dello Stato Attuale permetterà di evidenziare le aree problematiche sulle quali operare, di stabilire mete e risultati da raggiungere in un arco temporale definito, di pianificare priorità e azioni da compiere; in altre parole, di definire lo **stato desiderato** e il **percorso** per raggiungerlo.

SEGRETO n. 7: la Strategia SA/SD permette di prendere coscienza dello Stato Attuale, di definire uno Stato Desiderato, di stabilire attraverso quali tappe, mezzi e risorse personali raggiungere questo Stato Desiderato.

Strategia SA/SD – Sezione Struttura

La struttura è rappresentata dalle *attività*, organizzate in fasi, e dai *supporti* che, nel caso specifico, sono i **prodotti** (elaborati delle attività) e le **schede di area e di livello**. Di seguito li elenco per darne un quadro riepilogativo; per la loro descrizione rimando alle rispettive sezioni.

Fasi/Attività

Fase F0 – Mettere ordine in se stessi

- Attività 01 – Definire la mission;

- Attività 02 – Definire la vision;

- Attività 03 – Definire l'identità;

- Attività 04 – Mettere in ordine i valori.

Fase F1 – Valutare lo Stato Attuale (SA)

- Attività A1 – Analisi generale dello Stato Attuale;

- Attività *A2 – Analisi per livelli dello Stato Attuale;

- Attività *A3 – Risoluzione dei problemi dello Stato Attuale.

Fase F2 – Definire lo Stato Desiderato (SD)

- Attività A4 – Definire lo Stato Desiderato in generale;

- Attività *A5 – Definire lo Stato Desiderato per livelli (opzionale);

- Attività A6 – Estrazione degli obiettivi per lo Stato Desiderato.

Le attività contrassegnate con * sono per il coach e presuppongono la conoscenza del corso *Gli Strumenti del Coach*.

Supporti

Prodotti

- Tabella Punteggi SA;

- Tabella Punteggi SD;

- Tabella Problemi;

- Tabella Obiettivi.

Le tabelle *Punteggi SA* e *punteggi SD* sono una reinterpretazione della Ruota della Vita.

Schede di area e di livello

- Schede Stato Attuale di Area (S1/SA-S10/SA);

- Schede Stato Desiderato di Area (S1/SD-S10/SD);

- Scheda Analisi per Livelli Stato Attuale (SL/SA), solo per *A2;

- Scheda Analisi per Livelli Stato Desiderato (SL/SD), solo per *A5.

Strategia SA/SD – Sezione Procedurale

Passiamo ora alla descrizione della procedura esecutiva, seguendo passo passo il *flusso di lavoro* che dovrai seguire scrupolosamente. Per rendere questa importantissima fase maggiormente profittevole, ti suggerisco di mantenere un quaderno su cui registrare passaggi e risultati. In alternativa, se sei un tipo che ama l'ordine e la precisione, puoi costruirti un kit di lavoro adottando come riferimento le strutture dei *Prodotti* e dei *Supporti*.

Fase F0 – Mettere ordine in se stessi

Comprendere a fondo se stessi per prendere consapevolezza dello scopo e del ruolo nella vita, della direzione in cui stiamo andando, di cosa è veramente importante per noi, del perché agiamo e ci comportiamo in un certo modo.

Attività 01 – Definire la mission

Scopo: definire il fine (mission) della propria vita. Esegui con calma, in un posto tranquillo, ripensando a momenti speciali della vita.

1. Rispondi alle seguenti domande

Che cos'è più importante per te nella vita?

Qual è per te la ragione principale della tua esistenza?

Cosa ti rende pienamente realizzato?

Cosa ti dà più felicità e soddisfazione?

Quali attitudini caratteriali vuoi che la tua vita rifletta?

Quando eri più giovane, a dieci, quindici, vent'anni, cos'era importante per te nella vita e cosa volevi diventare "da grande"?

Qual è la ragione che rende vitale il raggiungimento dei tuoi obiettivi? Forse dimostrare qualcosa a te stesso? Forse dimostrarlo a qualcuno che conta molto per te?

Quali sono i tuoi talenti e i tuoi punti di forza?

Quali caratteristiche ha la tua filosofia di vita?

Quali eredità vorresti lasciare agli altri alla fine dei tuoi giorni?

Perché sei qui?

Qual è lo scopo della tua vita?

2. Descrivi la tua mission

Scopo: considera le risposte alle domande precedenti e descrivi i punti chiave della tua mission.

La mia mission è...

Attività 02 – Definire la vision

Scopo: proiettare l'immagine della mission nel futuro equivale a definire la propria vision.

1. Metti a fuoco la vision

Vedi nella tua mente te stesso mentre vivi la tua mission nella vita di tutti i giorni e, durante la visualizzazione, fatti una alla volta le seguenti domande; annota le risposte con "parole chiave".

Come vedi realizzato tutto questo?

Con chi vedi realizzato tutto questo?

Cambia la vision avanzando nel tempo? Sì o no?

Ora proietta l'immagine che stai vedendo nel futuro: spostala nel tempo di cinque anni rispetto a oggi; poi di dieci; poi di venti.

Se sì, che cosa specificamente cambia?

Che cosa è imprescindibile per te in questa immagine? Che cosa non può mancare?

Cosa ti piace particolarmente di questa immagine?

Che cosa ti rende veramente sicuro che questa sia la tua vision?

Che cosa ti viene in mente, cosa ti dici quando vedi questa immagine?

Che cosa c'è di meraviglioso in ciò che creerai nella tua vita?

C'è qualcosa che vuoi/devi cambiare nel presente per realizzare questa vision?

2. Descrivi la tua vision

Considerando le risposte alle domande precedenti, riassumi i punti chiave della tua vision.

La mia vision è...

Attività 03 – Definire l'identità

Scopo: identificare le caratteristiche peculiari della propria identità percepita oggi. Considerare le modifiche ritenute utili e definire l'identità come "dovrebbe essere".

1. Interrogati sulla tua identità "com'è"

Rispondi con calma alle domande seguenti; prenditi tutto il tempo necessario. Magari rileggi le risposte a distanza di qualche giorno e registra le nuove impressioni.

Chi sono? (dai una definizione di te stesso lasciando che sia il tuo Io profondo a suggerire la risposta)

Che percezione hai della tua immagine? Come la consideri?

Quali convinzioni trai dai pensieri che associ a te stesso?

Hai scelto tu, consapevolmente, queste convinzioni sulla tua identità o sono la conseguenza dei giudizi di altri?

In cosa ti ritieni bravo (capacità)? In cosa ti ritieni meno bravo?

In cosa ti ritieni del tutto negato?

In quale ambiente riesci a esprimere al meglio chi sei? Quando e dove ti senti te stesso?

Quali pensieri hai e qual è il tuo stato d'animo quando senti di esprimere davvero te stesso? Quale specifico comportamento esprime qualche aspetto della tua personalità? Che cosa fai in particolare per esprimere te stesso?

Quali pensieri e immagini interne sono associati a questo comportamento?

Quali valori sono espressi dal tuo comportamento?

Quanto peso ha il passato su quello che pensi di te stesso?

Quanto peso ha il passato nelle scelte che compi ogni giorno?

Quanto tempo dedichi a pensare a ciò che vorresti essere e quali convinzioni aspiri ad avere tu stesso?

2. Descrivi l'identità "com'è"

Io sono...

3. Interrogati sull'identità "come la vorresti"

Scegli consapevolmente di modificare o rivedere parti di te stesso che non ti soddisfano totalmente. Compila una lista di tutti gli aspetti che ritieni debbano assolutamente far parte della tua identità.

Come ti sentiresti se vivessi secondo questi nuovi aspetti della tua identità?

Che cosa penseresti?

Che cosa diresti?

Che cosa faresti?

4. Descrivi l'identità "come la vorresti"

Secondo queste nuove caratteristiche decidi chi vuoi essere. Non porti limiti e non giudicare le tue scelte. Rispondendo alle domande che seguono, ti aiuti a mettere a fuoco la tua nuova identità. Riassumi le risposte e dichiarala.

Potresti essere più...

Chi diventerai?

Che cosa farai?

Che cosa imparerai?

Quali saranno i tuoi comportamenti?

Quali persone frequenterai?

La mia nuova identità è...

Attività 04 – Mettere in ordine i valori

Scopo: scoprire ciò che veramente è importante nella vita e stabilire l'ordine di priorità.

1. Estrai i tuoi valori

Scrivi una lista di valori (almeno dieci). Le domande ti aiutano a "estrarre" ciò che conta per te.

Che cosa è importante per te?

Che cosa ti spinge ad agire?

In genere, che cosa ti fornisce la motivazione?

Lista valori

1...

2...

...

10...

2. Stabilisci la gerarchia dei tuoi valori

Considera la tua lista valori e riscrivila ponendoli in ordine d'importanza. Le domande che seguono ti aiutano a risolvere eventuali conflitti fra valori contrastanti.

Quale di questi valori è per te più importante?

All'interno di questi valori per te è più importante... oppure... ?

A cosa non rinunceresti mai?

All'interno di questi valori, se non potessi avere... ma, in sostituzione, avere... andrebbe bene lo stesso?

Gerarchia dei valori

1...

2...

...

10...

Fase F1 – Valutare lo Stato Attuale

Analizzare gli ambiti più importanti della vita, con riferimento alla Ruota della Vita, per stabilire lo Stato Attuale *com'è*.

Attività A1 – Analisi generale dello Stato Attuale

Scopo: stabilire il livello di soddisfazione rispetto alle proprie necessità o desideri e trarre indicazioni per il cambiamento.

1. Seleziona l'area da valutare – Dalla *Tabella Punteggi SA* scegli l'area con la priorità che desideri; col tempo necessario, fai in modo di esaminarle tutte.
2. Esegui l'analisi generale – Verifica la situazione attuale seguendo la scheda *Stato Attuale di Area* corrispondente all'area selezionata (es.: **S1/SA** per *Ambiente e beni materiali*).
3. Assegna il livello di soddisfazione – A completamento dell'analisi generale assegna un valore che ritieni corrispondere al tuo grado di soddisfazione in **Tabella Punteggi SA**. Il punteggio va da 1 (minimo) a 10 (massimo).
4. Prosegui all'attività successiva – Se sei in grado di operare come coach passa in *A2, altrimenti vai in A4.

Attività *A2 – Analisi per livelli dello Stato Attuale

Scopo: approfondire l'analisi condotta in A1. È eseguita dal coach che desidera acquisire, per se stesso o per il cliente, una profonda consapevolezza dei punti di forza e delle eventuali debolezze a tutti i livelli della personalità. L'analisi di dettaglio, condotta facendo uso del modello dei "livelli di pensiero" della PNL, potrà evidenziare problemi non emersi nella sezione generale che saranno in seguito trattati.

1. Esegui l'analisi per livelli – Con riferimento all'area trattata in A1 (e di cui conservi la scheda **S…/SA** davanti a te), esegui l'analisi per livelli dello Stato Attuale; usa il supporto della *Scheda Analisi per Livelli Stato Attuale* (**SL/SA**).

2. Registra i problemi – Elenca eventuali problemi emersi in *Tabella Problemi* (cita tutti i riferimenti perché ti serviranno per le successive attività).

3. Prosegui con l'attività successiva – Vai in ***A3** se intendi trattare i problemi prima di proseguire, altrimenti vai in **A4**. Ricorda che, prima di affrontare il viaggio verso lo stato desiderato, è opportuno rimuovere le condizioni che ti limitano o che ti bloccano.

Attività *A3 – Risoluzione dei problemi dello Stato Attuale
Scopo: dalla Tabella Problemi il coach trae indicazioni per gli interventi da compiere. Gli strumenti disponibili sono quelli

riportati nel corso *La cassetta del Coach*; sarà compito del coach stabilire la priorità degli interventi e gli strumenti più adatti sulla base delle indicazioni fornite dallo strumento.

1. Pianificare i problemi – Riesamina la *Tabella Problemi* e riordinala stabilendo la priorità degli interventi secondo criteri di urgenza o ampiezza del problema.

2. Trattare il problema – Dalla *Tabella Problemi* seleziona il problema con la priorità più alta e predisponi un *piano d'azione*. Il piano deve indicare i *Tempi* (inizio, durata prevedibile del trattamento) e la *Strategia* (Azioni, Strumenti). La soluzione dei problemi è affidata a un'azione di coaching che può avvalersi di strumenti specifici per ciascun livello. Alcuni fra i più potenti strumenti sono indicati nel corso *Gli Strumenti del Coach*; voglio qui indicarli per indirizzare chi, avendone già completato lo studio, deve sapere *quando* e *cosa* applicare prima di procedere con i passi successivi della strategia.

Missione

SA01 – Sognare attivamente

Scopo: accedere alle potenzialità dell'inconscio.

SA02 – Risveglio alla libertà

Scopo: liberarsi dalle catene della mente razionale e conscia.

Identità

ID02 – Trovare il centro

Scopo: essere centrati.

ID03 – Precisione verbale

Scopo: fronteggiare giudizi negativi sull'identità.

Valori e credenze

VA01 – Estrazione dei valori

Scopo: estrarre i valori e stabilire il grado d'importanza.

VA02 – Gerarchia dei valori

Scopo: estrarre i valori e stabilire il grado d'importanza.

VA03 – Estrazione dei criteri

Scopo: definire i criteri di soddisfazione dei valori.

VA04 – Revisione dei valori

Scopo: revisionare e potenziare i valori.

VA05 – Risoluzione dei conflitti di valore

Scopo: risolvere conflitti di valori.

VA06 – Trasformare i valori in azioni

VA07 – Consolidare le abitudini

Scopo: trasformare i valori in azioni.

CR02 – Utilizzo di mentori interiori per costruire sicurezza e rafforzare convinzioni.

CR03 – La struttura del "come se"

CR04 – *Revisione delle convinzioni*

Scopo: rafforzare le convinzioni, combattere le convinzioni limitanti.

CR05 – Estrazione di convinzioni limitanti

Scopo: esplorare ed estrarre gruppi di convinzioni limitanti (sentirsi impotenti, senza speranza, non sentirsi degni).

Capacità

CA02 – Esecuzione mentale

Scopo: affinare le capacità e migliorare le performance tramite la visualizzazione.

CA03 – Il cerchio dell'eccellenza

CA11 – Gestire la motivazione

CA12 – Gestire l'impatto emozionale

Scopo: gestire lo stato interiore.

CA04 – Le domande del T.O.T.E. per modellare

Scopo: modellare i fattori del successo partendo dalle proprie performance del passato.

CA05 – Trasferire T.O.T.E. efficaci

Scopo: esplorare ed estrarre gruppi di convinzioni limitanti (sentirsi impotenti, senza speranza, non sentirsi degni).

CA06 – Focalizzarsi sul feedback

Scopo: imparare dagli errori.

CA07 – Prospettiva di seconda posizione

Scopo: "vedere le cose" da un altro punto di vista.

CA08 – Meta-Mapping

Scopo: modificare comunicazioni problematiche.

CA10 - Rendere il futuro desiderabile

Scopo: "creare il futuro".

Comportamento

CO01 – Definire gli obiettivi

Scopo: definire obiettivi.

CO02 – Analisi per contrasto e confronto

CO03 – Intermapping

Scopo: sviluppare comportamenti produttivi.

CO04 – Ancoraggio

Scopo: recuperare risorse.

CO05 – Estrazione della Linea del Tempo

CO06 – Cambiamento della Linea del Tempo

Scopo: agire sull'organizzazione del tempo.

CO07 – Estrazione delle sottomodalità

Scopo: agire sulle rappresentazioni sensoriali.

Ambiente

AM01 – Stati-Risorsa

Scopo: aiutare in situazioni d'interazione impegnative con altre persone.

AM02 – Cicli causali

Individuare e descrivere i fattori chiave che permettono di sintonizzarsi con l'ambiente ed esprimere il meglio di se stessi.

3. Chiudere il problema – Il trattamento deve essere protratto fino alla completa o soddisfacente soluzione del problema. Quando coach e cliente riconoscono di aver raggiunto uno stato tale da poter chiudere il problema, si registrano i dati di chiusura in *Tabella Problemi* e si prosegue.

4. Prosegui all'attività successiva – Vai in **A4**.

Fase F2 – Definire lo Stato Desiderato (SD)

È questo il momento di pensare al futuro, di indicare la meta e i traguardi da raggiungere.

Attività A4 – Definire lo Stato Desiderato in generale

Scopo: stabilire il livello di soddisfazione cui puntare dopo aver acquisito una maggiore consapevolezza di se stessi e della propria condizione attuale.

1. Dichiara lo Stato Desiderato – Riesaminando la *Tabella Punteggi SA* ottenuta nella precedente Fase F1, dichiara in *Tabella Punteggi SD* il livello di soddisfazione che intendi raggiungere in ciascuna area.
2. Seleziona l'area – stabilisci su quale area operare; usa il criterio di priorità che desideri ma, col tempo necessario, fai in modo di considerarle tutte.

3. Definisci lo Stato Desiderato – Utilizza la scheda **S...**/**SD** corrispondente all'area selezionata (ad esempio: **S1/SD** se l'area è *Ambiente e beni materiali*)
4. Definisci gli obiettivi – Lo Stato Desiderato comporta il

raggiungimento di un certo numero di obiettivi intermedi; scrivili in *Tabella Obiettivi*.

5. Prosegui all'attività successiva – Se sei in grado di operare come coach vai in *A5, altrimenti passa direttamente in A6.

Attività *A5 – Definire lo Stato Desiderato per livelli

Scopo: approfondire l'analisi condotta in A4. È eseguita dal coach che desidera acquisire, per se stesso o per il cliente, una profonda consapevolezza dei desideri a tutti i livelli della personalità. L'analisi di dettaglio, condotta facendo uso del modello dei *Livelli di Pensiero* della PNL, potrà evidenziare obiettivi non emersi nella Sezione Generale che saranno in seguito trattati.

1. Esegui l'analisi per livelli – Con riferimento all'area trattata in A4 (e di cui conservi la scheda **S…/SD** davanti a te), esegui l'analisi per livelli dello Stato Desiderato; usa il supporto della *Scheda Analisi per Livelli Stato Attuale (***SL/SD***)*.

2. Registrare gli obiettivi – Elenca eventuali obiettivi emersi in *Tabella Obiettivi* (cita tutti i riferimenti perché ti serviranno per le successive attività).

3. Prosegui in **A6**.

Attività A6 – Estrazione obiettivi per lo Stato Desiderato

Scopo: dalla Tabella Obiettivi si traggono indicazioni per i *Piani di Azione* di medio/lungo termine. Occorre che gli obiettivi abbiano un significato per il raggiungimento dello Stato Desiderato. È bene procedere per gradi iniziando dagli obiettivi che hanno maggior significato e che investono più aspetti della vita.

1. Riordina gli obiettivi – Riesamina la *Tabella Obiettivi* e seleziona quelli su cui intendi operare (stabilisci la priorità secondo criteri di rilevanza e ampiezza temporale).

2. Gestisci l'obiettivo – Per passare al trattamento dell'obiettivo selezionato, passa alla Strategia Obiettivo/Risultato. Esegui tutti i passaggi e dopo aver conseguito il risultato atteso, rientra a questo punto.

3. Registra il Risultato – Al termine del passo 2, registra il risultato conseguito in *Tabella Obiettivi*. Torna al passo 1 e ripeti i passaggi 2 e 3 fino a esaurimento degli obiettivi elencati in Tabella Obiettivi.

SEGRETO n. 8: la Strategia SA/SD permette di migrare dallo Stato Attuale allo Stato Desiderato in tre fasi. Conoscere se stessi e risolvere i problemi è il passo iniziale indispensabile per la costruzione del futuro desiderato.

Strategia SA/SD – Sezione Supporti

La funzione di questi elementi è molteplice e indispensabile per l'esecuzione delle attività sopra descritte. La distinzione tra *Prodotti* e *Supporti* è puramente formale e non è essenziale ai fini del nostro lavoro; è invece fondamentale conoscere *perché*, *come* e *quando* utilizzarli. Sia il flusso di lavoro sia la descrizione delle *Attività* più sopra presentate, assolvono questo scopo. Di seguito, nell'ordine:

- Tabella Punteggi SA;
- Tabella Punteggi SD;
- Tabella Problemi;
- Tabella Obiettivi;
- Schede di Area S1/SA-S10/SA; S1/SD-S10/SD;
- Scheda di Analisi per Livelli SL/A; SL/SD.

Tabella Punteggi SA

Per rendere più evidente lo stato di soddisfazione, colora i quadrati fino al valore stabilito in modo da ottenere una barra continua.

Area	Punteggio									
S1 – Ambiente e beni materiali	1	2	3	4	5	6	7	8	9	10
S2 – Fisico e salute										
S3 – Lavoro e carriera										
S4 – Valorizzazione personale										
S5 – Relazioni sociali										
S6 – Vita sentimentale										
S7 – Finanze										
S8 – Divertimento e svago										
S9 – Famiglia										
S10 – Emozioni										

Tabella Punteggi SD

Area	Punteggio

S1 – Ambiente e beni materiali	*1*	*2*	*3*	*4*	*5*	*6*	*7*	*8*	*9*	*10*
S2 – Fisico e salute										
S3 – Lavoro e carriera										
S4 – Valorizzazione personale										
S5 – Relazioni sociali										
S6 – Vita sentimentale										
S7 – Finanze										
S8 – Divertimento e svago										
S9 – Famiglia										
S10 – Emozioni										

Tabella Problemi

n. Area **Descrizione**

Tabella Obiettivi

n. Area   **Descrizione**

Scheda S1/SA – Ambiente e beni materiali

Scopo: passare in rassegna gli ambienti in cui si vive: casa, luogo di lavoro e tutti gli ambienti nei quali di solito si trascorre il proprio tempo e che influiscono sull'umore, sulle prestazioni e sulle relazioni.

Rispondi alle domande e trai le conclusioni assegnando un punteggio da 1 a 10. Riporta il punteggio nella riga corrispondente all'area della **Tabella Punteggi SA**. Elenca eventuali problemi emersi in **Tabella Problemi**.

Dove abiti (città, campagna)?

Sei soddisfatto del luogo in cui abiti?

Sei soddisfatto della tua casa?

La consideri accogliente e confortevole?

Che cosa provi quando ti trovi sul tuo posto di lavoro?

Quali sensazioni e immagini ti suscitano i suoni e gli odori che percepisci nel luogo in cui svolgi la tua attività? Lo ritieni un ambiente adeguato e piacevole o, piuttosto, ti sembra anonimo e inospitale?

Ci sono altri luoghi nei quali trascorri molta parte del tuo tempo?

Che luoghi frequenti in genere?

Come ti senti nei luoghi che frequenti?

Sei contento delle cose che hai?

Ci sono oggetti che vorresti assolutamente possedere?

Il tuo guardaroba ti soddisfa?

Le cose che utilizzi ogni giorno, dal computer al televisore agli elettrodomestici in genere, rispondono alle tue esigenze?

Qual è il tuo grado di soddisfacimento attuale?

Hai obiettivi di miglioramento o cambiamento? Quali sono i più importanti?

Hai dei problemi che vuoi risolvere? Quali sono i più rilevanti?

Scheda S1/SD – Ambiente e beni materiali

Scopo: definire la condizione ideale fra cinque anni desiderata per l'area Ambiente e beni materiali.

Rispondi alle domande e trai le conclusioni assegnando un punteggio da 1 a 10. Riporta il punteggio nella riga corrispondente della **Tabella Punteggi SD**. Elenca eventuali obiettivi emersi in Tabella Obiettivi.

Dove ti piacerebbe vivere?

Com'è la tua casa dei sogni?

Dove si trova: nel centro di una grande città o in mezzo a un bosco?

Quali dimensioni dovrebbe avere?

Come sarebbe arredata se non avessi limiti economici?

Qual è il tuo ambiente ideale? In quale situazione vorresti essere immerso?

Che cosa vorresti vedere, udire, sentire?

In quale ambiente ti piacerebbe lavorare?

Com'è allestito il tuo luogo di lavoro ideale?

Ti piacerebbe essere solo o piuttosto circondato da colleghi?

Quali altri ambienti vorresti frequentare?

Che oggetti vorresti possedere?

Che cosa pensi potrebbe fare la differenza nella tua vita?

Scheda S2/SA – Fisico e salute

Scopo: esaminare lo stato di salute fisica intesa come "assenza di malattia", energia e vitalità di cui si dispone. È necessario considerare anche i comportamenti e le abitudini che mettiamo in atto per mantenerci in forma: abitudini alimentari, esercizio fisico, qualità del sonno ecc.

Rispondi alle domande e trai le conclusioni assegnando un punteggio da 1 a 10. Riporta il punteggio nella riga corrispondente della **Tabella Punteggi SA**. Elenca eventuali problemi emersi in **Tabella Problemi**.

Com'è il tuo stato di salute?

Che cosa fai per mantenerti in forma?

Sei preoccupato della tua salute?

Ti senti bene?

Sei soddisfatto del tuo corpo?

Lo ritieni sufficientemente tonico e allenato?

Consideri giusto il tuo peso?

Ti piace la tua immagine allo specchio?

Con quale frequenza ti capitano malanni stagionali?

Provi spesso dei malesseri fisici o di solito sei in forma?

Assumi molti medicinali?

Qual è il tuo livello di energia?

Quando ti svegli la mattina, ti senti stanco o risposato?

Quante ore dormi?

Riposi bene?

Hai vizi poco salutari?

Rispetti sane abitudini alimentari?

Qual è il tuo grado di soddisfacimento attuale?

Hai obiettivi di miglioramento o cambiamento? Quali sono i più importanti?

Hai dei problemi che vuoi risolvere? Quali sono i più rilevanti?

S2/SD – Fisico e salute

Scopo: definire la condizione ideale desiderata fra cinque anni per il fisico e la salute.

Rispondi alle domande e trai le conclusioni assegnando un punteggio da 1 a 10. Riporta il punteggio nella riga corrispondente della **Tabella Punteggi SD**. Elenca eventuali obiettivi emersi in **Tabella Problemi**.

Che aspetto fisico vorresti avere?

Quale livello di salute e vitalità vorresti avere?

Scheda S3/SA – Lavoro e carriera

Scopo: esaminare la posizione professionale e valutare il livello di soddisfazione per le attività e le mansioni svolte. Per gli studenti, si considerano l'interesse per le materie di studio e le prospettive di lavoro.

Rispondi alle domande e trai le conclusioni assegnando un punteggio da 1 a 10. Riporta il punteggio nella riga corrispondente della **Tabella Punteggi SA**. Elenca eventuali problemi emersi in **Tabella Problemi**.

Che lavoro svolgi o che studi stai compiendo?

Qual è il tuo grado di soddisfazione?

Fai qualcosa che ti piace o avverti una grande distanza tra quel che fai e quel che vorresti davvero?

Che cosa pensi del tuo lavoro? Lo ritieni appassionante?

Pensi che la tua posizione sia adeguata alle tue capacità?

Quale interesse persegui nel tuo lavoro? Vorresti maggiori o minori responsabilità?

Quando vai a lavorare ti senti contento o non vedi l'ora di tornare a casa? Hai un buon rapporto con i tuoi colleghi?

Le relazioni professionali sono improntate alla collaborazione e alla stima reciproca?

Sei soddisfatto di quel che i tuoi colleghi pensano di te?

Il tuo stipendio ti soddisfa o vorresti guadagnare di più? Se volessi guadagnare di più, quanto?

Vivi il tuo lavoro con stress e apprensione o ne sei stimolato positivamente?

Senti di essere in continua crescita professionale o hai, invece, l'impressione di non riuscire a procedere?

Che cosa hai fatto per salvaguardare la tua carriera?

Che cosa stai facendo per dare impulso alla tua carriera?

Ti senti come paralizzato?

Nutri qualche rimpianto?

Il lavoro ti garantisce le necessarie entrate economiche?

Qual è il tuo grado di soddisfacimento attuale?

Hai obiettivi di miglioramento o cambiamento? Quali sono i più importanti?

Hai dei problemi che vuoi risolvere? Quali sono i più rilevanti?

Scheda S3/SD – Lavoro e carriera

Scopo: definire la condizione ideale desiderata fra cinque anni riguardo al lavoro e alla carriera.

Rispondi alle domande e trai le conclusioni assegnando un punteggio da 1 a 10. Riporta il punteggio nella riga corrispondente della **Tabella Punteggi SD**. Elenca eventuali obiettivi emersi in **Tabella Obiettivi.**

Qual è il tuo lavoro ideale? Che cosa ti piacerebbe fare davvero?

Quale posizione o incarico vorresti occupare? A quale livello di responsabilità?

Quanto ti occuperebbe il tuo lavoro?

Con chi vorresti lavorare? Con quale tipo di rapporto?

Quanto vorresti guadagnare?

Se sei uno studente, quali materie vorresti studiare o approfondire?

Quale prospettiva di lavoro vorresti avere?

Scheda S4/SA – Valorizzazione personale

Scopo: esaminare due aspetti essenziali per la propria evoluzione: il tempo dedicato al miglioramento culturale, in ambito personale o professionale, e alla crescita "spirituale", intesa come coerenza di vita rispetto ai principi, alle credenze e ai valori personali.

Rispondi alle domande e trai le conclusioni assegnando un punteggio da 1 a 10. Riporta il punteggio nella riga corrispondente della **Tabella Punteggi SA**. Elenca eventuali problemi emersi in **Tabella Problemi**.

Che tipo di vita "spirituale" hai?

Hai individuato uno scopo superiore capace di guidare le tue azioni?

Hai trovato un modo per fare la differenza nella vita degli altri?

Com'è il tuo rapporto con la fede?

Dedichi tempo alla ricerca e all'approfondimento della tua spiritualità?

Quali sono i tuoi investimenti per la tua valorizzazione personale?

Pensi di contribuire in modo concreto al miglioramento della vita delle altre persone? E nel mondo?

Qual è il tuo contributo alla comunità?

Qual è il tuo grado di soddisfacimento attuale?

Hai obiettivi di miglioramento o cambiamento? Quali sono i più importanti?

Hai dei problemi che vuoi risolvere? Quali sono i più rilevanti?

Scheda S4/SD – Valorizzazione personale

Scopo: definire la condizione ideale desiderata fra cinque anni riguardo alla valorizzazione personale.

Rispondi alle domande e trai le conclusioni assegnando un punteggio da 1 a 10. Riporta il punteggio nella riga corrispondente della **Tabella Punteggi SD**. Elenca eventuali obiettivi emersi in Tabella Obiettivi.

Come pensi di incidere sulla vita degli altri?

Con quali azioni specifiche soccorrerai il prossimo?

Quale sarà la tua missione, o il tuo compito, sulla Terra?

Che tipo di impegno vorresti assumere per migliorare il tuo mondo?

Quanto tempo vorresti dedicare alla tua missione?

Riguardo alla tua crescita personale, che cosa vorresti imparare di nuovo?

Quali materie di studio ti attirano? Quali corsi vorresti frequentare?

Che tipo di specializzazione vorresti avere? Quali argomenti o abilità approfondiresti?

Quali letture vorresti coltivare?

Scheda S5/SA – Relazioni sociali

Scopo: esaminare le relazioni con le persone che si frequentano più spesso al di fuori della famiglia e del lavoro: vicini di casa, squadre sportive, associazioni e così via.

Rispondi alle domande e trai le conclusioni assegnando un punteggio da 1 a 10. Riporta il punteggio nella riga corrispondente della **Tabella Punteggi SA**. Elenca eventuali problemi emersi in **Tabella Problemi**.

Che tipo di rapporti personali hai?

Sei sposato?

Hai famiglia?

La tua vita sociale ti soddisfa?

Quante e quali persone frequenti con una certa regolarità al di fuori dell'ambito professionale?

Ti tieni in contatto con le persone che conosci o aspetti sempre che lo facciano per te?

Come valuti la qualità di queste relazioni?

Hai molti amici intimi? A quali ti senti più legato?

Sei felice dei tuoi rapporti?

Qual è il tuo grado di soddisfacimento attuale?

Hai obiettivi di miglioramento o cambiamento? Quali sono i più importanti?

Hai dei problemi che vuoi risolvere? Quali sono i più rilevanti?

Scheda S5/SD – Relazioni sociali

Scopo: definire la condizione ideale desiderata fra cinque anni riguardo alle relazioni sociali.

Rispondi alle domande e trai le conclusioni assegnando un punteggio da 1 a 10. Riporta il punteggio nella riga corrispondente della **Tabella Punteggi SD**. Elenca eventuali obiettivi emersi in **Tabella Obiettivi**.

Quali persone vorresti frequentare abitualmente?

Con quale frequenza vorresti ritrovarle? Che cosa fareste insieme?

Vorresti avere amici fidati?

Che tipo di relazione vorresti instaurare con i tuoi amici fidati?

Vorresti far parte di qualche associazione o club? A quale tipo di associazione o club?

Scheda S6/SA – Vita sentimentale

Scopo: esaminare la propria vita sentimentale e valutare la qualità del rapporto con la persona a noi legata.

Rispondi alle domande e trai le conclusioni assegnando un punteggio da 1 a 10. Riporta il punteggio nella riga corrispondente della **Tabella Punteggi SA**. Elenca eventuali problemi emersi in **Tabella Problemi**.

Sei sentimentalmente legato a qualcuno in questo periodo?

Come consideri questo legame? Quanto è importante per te?

Qual è il tuo grado di soddisfacimento attuale?

Hai obiettivi di miglioramento o cambiamento? Quali sono i più importanti?

Hai dei problemi che vuoi risolvere? Quali sono i più rilevanti?

Scheda S6/SD – Vita sentimentale

Scopo: definire la condizione ideale desiderata fra cinque anni riguardo alla vita sentimentale.

Rispondi alle domande e trai le conclusioni assegnando un punteggio da 1 a 10. Riporta il punteggio nella riga corrispondente di **Tabella Punteggi SD**. Elenca eventuali obiettivi emersi in **Tabella Obiettivi**.

Vorresti avere un legame sentimentale?

Quanto forte dovrebbe essere questo legame?

Se sei sentimentalmente legato, vorresti modificare il rapporto?

Come lo modificheresti? Che cosa ti farebbe stare meglio?

Scheda S7/SA – Finanze

Scopo: esaminare la propensione al risparmio, il rapporto con il denaro, la capacità di amministrarlo e di investirlo.

Rispondi alle domande e trai le conclusioni assegnando un punteggio da 1 a 10. Riporta il punteggio nella riga corrispondente della **Tabella Punteggi SA**. Elenca eventuali problemi emersi in **Tabella Problemi**.

Che cosa pensi dei soldi?

Il tuo rapporto con il denaro è sereno o ti provoca ansia?

Sei soddisfatto della tua situazione economica?

Hai l'abitudine di risparmiare? Sei soddisfatto dei tuoi risparmi?

Hai risparmi sufficienti per affrontare una crisi inaspettata?

In che modo ti prendi cura della tua sicurezza economica?

Il tuo guadagno ti consente di avere lo stile di vita che desideri?

I tuoi acquisti sono commisurati alle tue finanze?

Cerchi qualche modo per investire il tuo denaro e farlo fruttare in modo oculato?

Qual è il tuo grado di soddisfacimento adesso?

Hai obiettivi di miglioramento o cambiamento? Quali sono i più importanti?

Hai dei problemi che vuoi risolvere? Quali sono i più rilevanti?

Scheda S7/SD – Finanze

Scopo: definire la condizione ideale desiderata fra cinque anni riguardo alle finanze.

Rispondi alle domande e trai le conclusioni assegnando un

punteggio da 1 a 10. Riporta il punteggio nella riga corrispondente della **Tabella Punteggi SD**. Elenca eventuali obiettivi emersi in **Tabella Obiettivi**.

Quanti soldi vorresti guadagnare per permetterti la vita che vorresti?

Quale tipo di patrimonio vorresti possedere? Di quale valore?

A quanto dovrebbe ammontare il tuo patrimonio per sentirti sicuro e libero finanziariamente?

Che genere di investimenti faresti?

Vorresti risparmiare o goderti la vita senza badare a spese?

Scheda S8/SA – Divertimento e svago

Scopo: esaminare la tua propensione a concederti momenti di gioia, di allegria, di distrazione e tranquillità.

Rispondi alle domande e trai le conclusioni assegnando un punteggio da 1 a 10. Riporta il punteggio nella riga corrispondente della **Tabella Punteggi SA**. Elenca eventuali problemi emersi in **Tabella Problemi**.

Ti concedi tempo sufficiente per lo svago o senti invece di non averne abbastanza?

Lavori sette giorni su sette o riesci ad avere almeno un giorno alla settimana da dedicare alla tua vita privata?

Ti concedi mai una vacanza? Riesci a ritagliarti alcuni momenti di pausa durante l'anno?

Trascorri qualche serata in compagnia di amici? Con che frequenza?

Che hobby coltivi?

Che cosa fai per rilassarti?

Che cosa leggi?

I tuoi hobby sono solitari o sono condivisi con altri?

Qual è il tuo grado di soddisfacimento attuale?

Hai obiettivi di miglioramento o cambiamento? Quali sono i più importanti?

Hai dei problemi che vuoi risolvere? Quali sono i più rilevanti?

Scheda S8/SD – Divertimento e svago

Scopo: definire la condizione ideale desiderata fra cinque anni riguardo a divertimento e svago.

Rispondi alle domande e trai le conclusioni assegnando un punteggio da 1 a 10. Riporta il punteggio nella riga corrispondente della **Tabella Punteggi SD**. Elenca eventuali obiettivi emersi in **Tabella Obiettivi**.

Secondo i tuoi valori e credenze, quanto tempo concederesti al divertimento e allo svago?

Che cosa faresti di preciso?

Ti concederesti più vacanze? Dove le trascorreresti?

Quali viaggi vorresti fare e quali luoghi vorresti visitare?

Vorresti concederti delle pause durante l'anno lavorativo? Con quale frequenza e durata?

Vorresti avere del tempo libero per dedicarti agli hobby?

Quali azioni desideri cominciare per divertirti davvero?

Scheda S9/SA – Famiglia

Scopo: esaminare il rapporto di coppia, con i figli, i genitori, fratelli, sorelle e parenti stretti.

Rispondi alle domande e trai le conclusioni assegnando un punteggio da 1 a 10. Riporta il punteggio nella riga corrispondente della **Tabella Punteggi SA**. Elenca eventuali problemi emersi in **Tabella Problemi**.

Che rapporto hai con i tuoi parenti?

Ti dà gioia e serenità stare con loro?

Se sei un genitore, come valuti i rapporti con i tuoi figli?

Riesci a trascorrere abbastanza tempo con la famiglia?

Qual è il tuo grado di soddisfacimento attuale?

Hai obiettivi di miglioramento o cambiamento? Quali sono i più importanti?

Hai dei problemi che vuoi risolvere? Quali sono i più rilevanti?

Scheda S9/SD – Famiglia

Scopo: definire la condizione ideale desiderata fra cinque anni riguardo alla famiglia.

Rispondi alle domande e trai le conclusioni assegnando un punteggio da 1 a 10. Riporta il punteggio nella riga corrispondente della **Tabella Punteggi SD**. Elenca eventuali obiettivi emersi in **Tabella Obiettivi.**

Vorresti avere un altro tipo di rapporto con la tua famiglia? Come dovrebbe essere?

Vorresti modificare l'atmosfera in famiglia? In che modo e come dovrebbe essere?

Vorresti avere più tempo da dedicare ai tuoi cari?

Che cosa vorresti fare con loro?

Scheda S10/SA – Emozioni

Scopo: esaminare la capacità di gestire le proprie emozioni, ossia di controllarle ed esprimerle nella maniera più proficua.

Rispondi alle domande e trai le conclusioni assegnando un punteggio da 1 a 10. Riporta il punteggio nella riga corrispondente della **Tabella Punteggi SA**. Elenca eventuali problemi emersi in **Tabella Problemi**.

Di che umore sei di solito?

Con quale spirito cominci la giornata?

Sei capace di modificare il tuo stato d'animo riguardo alla situazione che stai vivendo?

Sei in grado di gestire le emozioni o ne sei spesso sopraffatto?

Hai difficoltà a comunicare agli altri i tuoi stati d'animo?

Qual è il tuo grado di soddisfacimento attuale?

Hai obiettivi di miglioramento o cambiamento? Quali sono i più importanti?

Hai dei problemi che vuoi risolvere? Quali sono i più rilevanti?

Scheda S10/SD – Emozioni

Scopo: definire la condizione ideale desiderata fra cinque anni riguardo alle emozioni.

Rispondi alle domande e trai le conclusioni assegnando un punteggio da 1 a 10. Riporta il punteggio nella riga corrispondente della **Tabella Punteggi SD**. Elenca eventuali obiettivi emersi in **Tabella Obiettivi**.

Vorresti saper gestire le tue emozioni?

Quali stati emotivi vorresti evitare o attutire?

Quali stati emotivi vorresti provare più spesso?

Scheda SL/SA – Analisi per livelli dello Stato Attuale

Scopo: proseguire nell'analisi dello Stato Attuale per mettere in luce aspetti non emersi durante la Sessione Generale. L'analisi per livelli pone domande comuni a tutte le aree S1-S10. È compito del coach selezionare quelle che richiedono approfondimenti e portare il cliente a riflettere sugli aspetti rilevanti tenendo anche conto di quanto emerso nella precedente *Sezione G – Mettere ordine in se stessi* e nell'analisi generale.

Rispetto all'area che stai considerando:

Missione

Ti riconosci nella mission che ti sei dato (vedi G1)?

Ritieni di dover modificare qualcosa?

Ritieni valida la tua vision (vedi G2)?

C'è qualcosa che deve essere cambiato nel presente?

Identità

Ti riconosci nell'identità che hai descritto (vedi G3)?

Ritieni di dover modificare qualche aspetto per essere congruente rispetto ai comportamenti e a come ti definisci?

Valori e credenze

Nella tua lista dei valori (vedi G4) hai considerato quelli riguardanti l'area in questione?

Ritieni di dover aggiungere e/o modificare questa lista?

Capacità

Quali particolari abilità ritieni di saper esprimere nell'area?

Quali abilità hai sviluppato solo parzialmente o ti mancano?

Quali abilità ritieni di dover assolutamente acquisire?

Comportamento

Che cosa fai giornalmente per essere congruente con te stesso e con i tuoi valori?

Ti sei posto specifici obiettivi?

Quali azioni ti consentono di raggiungere gli obiettivi?

Che cosa non funziona in quello che fai?

Quali azioni ti intralciano nel conseguimento dei tuoi obiettivi?

Che cosa invece funziona nelle altre persone?

Ambiente

In quale situazione o condizione (con chi, dove, quando) senti di esprimere meglio te stesso rispetto a quest'area?

Quali sono gli elementi per te favorevoli di questo ambiente?

Quali sono gli elementi per te spiacevoli o poco favorevoli?

SL/SD – Analisi per livelli dello Stato Desiderato

Scopo: proseguire nell'analisi dello Stato Desiderato per mettere in luce aspetti non emersi durante la Sessione Generale. L'analisi per livelli pone domande comuni a tutte le Aree S1-S10. È compito del coach selezionare quelle che richiedono approfondimenti e portare il cliente (o se stesso) a riflettere sugli aspetti rilevanti tendendo anche conto di quanto emerso nella precedente *Sezione G – Mettere ordine in se stessi* e nell'Analisi Generale.

Rispetto all'area che stai considerando:

Missione

Se fossi sicuro di non fallire, come cambieresti la tua vita? Che cosa sceglieresti di fare (ruolo)? Che cosa oseresti fare (missione)?

Se fossi sicuro di essere felice, cosa cambieresti nella tua vita?

In questo nuovo scenario, cosa vedi, cosa senti, cosa provi?

Quali odori e sapori fanno parte di questa esperienza? Che cosa dici a te stesso? Dove sei? In quale tempo?

Identità

Ricordando la missione che ti sei dato e il nuovo scenario nel quale ti trovi, che persona ritieni di essere?

Quali convinzioni hai riguardo a questo nuovo te stesso e alla vita in generale?

Quali cambiamenti noti rispetto a:

Ambiente – Dove sei? Come ti senti?

Comportamento – Cosa, specificamente, riflette questa tua nuova personalità? Che cosa fai per esprimere questo nuovo te stesso?

Quali pensieri e immagini sono associati a questo nuovo comportamento?

Valori – Quali valori esprime questo nuovo te stesso?

Valori e credenze

Rispetto allo scenario descritto e alla missione:

Che cosa è importante per te?

Che cosa ti ha spinto a immaginare la tua missione?

Che cosa ti motiva a realizzarla?

Quali particolari abilità ritieni di saper esprimere? Che cosa sai fare bene?

Che cosa noterebbero gli altri di te?

Quali abilità hai sviluppato solo parzialmente o ti mancano del tutto?

Capacità

Rispetto allo scenario descritto e alla missione:

Quali particolari abilità ritieni di saper esprimere? Che cosa sai fare bene?

Che cosa noterebbero gli altri di te?

Quali abilità hai sviluppato solo parzialmente o ti mancano del tutto?

Comportamento

Rispetto allo scenario descritto e alla missione:

Che cosa fai abitualmente (ogni giorno, ogni settimana)?

Come amministri il tuo tempo?

Che cosa funziona in quello che fai?

Quali azioni ti consentono di raggiungere gli obiettivi?

Quali azioni ti intralciano nel conseguimento dei tuoi obiettivi?

Ambiente

Rispetto allo scenario descritto e alla missione:

Dove si trova l'ambiente di cui stai parlando?

Quali sono gli elementi di questo ambiente per te favorevoli?

Quali sono gli elementi per te spiacevoli o poco favorevoli?

SEGRETO n. 9: la Strategia SA/SD utilizza strumenti di lavoro che consentono di esaminare in profondità tutte le aree principali della vita in generale, attraverso il filtro dei vari livelli che compongono la personalità secondo il modello PNL.

RIEPILOGO DEL CAPITOLO 3:

- SEGRETO n. 7: La Strategia SA/SD permette di prendere coscienza dello Stato Attuale, di definire uno Stato Desiderato, di stabilire attraverso quali tappe, mezzi e risorse personali raggiungere questo Stato Desiderato.

- SEGRETO n. 8: La Strategia SA/SD permette di migrare dallo Stato Attuale allo Stato Desiderato in tre fasi. Conoscere se stessi e risolvere i problemi è il passo iniziale indispensabile per la costruzione del futuro desiderato.

- SEGRETO n. 9: La Strategia SA/SD utilizza strumenti di lavoro che consentono di esaminare in profondità tutte le aree principali della vita in generale, attraverso il filtro dei vari livelli che compongono la personalità secondo il modello PNL.

CAPITOLO 4:

Come affrontare una prova impegnativa

La **Strategia Mission Driven** è un percorso guidato utile quando si intende affrontare una missione ad alto valore simbolico o di contenuto. Con il termine *missione* si intende identificare un impegno contratto con se stessi, o un incarico ricevuto da altri, che metta alla prova tutte le nostre risorse umane: capacità, valori, convinzioni, senso dell'identità e dell'appartenenza. La strategia guida, attraverso sei fasi, a:

- definire e verificare gli aspetti peculiari della missione;

- definire gli obiettivi intermedi in cui la missione può essere suddivisa;

- individuare e superare le auto-limitazioni (comprese le paure);

- allineare i valori personali alla missione;

- passare all'azione, ovvero al conseguimento di tutti gli obiettivi in cui è stata scomposta la missione.

Come per le precedenti, la presentazione è suddivisa nelle tre sezioni Struttura, Procedurale, Supporti.

SEGRETO n. 10: la Strategia Mission Driven consente di affrontare una missione di alto valore simbolico o di contenuto, che mette alla prova tutte le nostre risorse umane.

Strategia Mission Driven – Sezione Struttura

La struttura è rappresentata dalle attività, organizzate in fasi, e dai supporti che, nel caso specifico, sono strumenti. Di seguito li elenco per darne un quadro riepilogativo; per la loro descrizione rimando alle rispettive sezioni.

Fasi/Attività

Fase 1 – Definire la missione

- Attività A1 – Descrivi la missione
- Attività A2 – Perfeziona la visione

Fase 2 – Verificare il progetto

- Attività A3 – Verifica la realizzabilità della missione
- Attività A4 – Verifica le criticità della missione

Fase 3 – Stabilire le tappe

- Attività A5 – Definisci le tappe intermedie

Fase 4 – Affrontare le sfide

- Attività A6 – Individua problemi e paure

- Attività A7 – Affronta problemi e paure

Fase 5 – Allinearsi alla missione

- Attività A8 – Allinea i livelli alla missione

Fase 6 – Entrare in azione

- Attività A9 – Segui il percorso tracciato

Strumenti

ID04 – Affrontare la sfida

Strategia Mission Driven – Sezione Procedurale

Fase 1 – Definire la missione

È la fase preliminare nella quale l'impegno assunto viene formulato verbalmente e messo per iscritto dando corpo a una prima stesura della missione.

Attività A1 – Descrivi la missione

In questa fase devi esprimere l'obiettivo in modo specifico e in termini positivi; stabilire quali saranno i vantaggi che deriveranno dall'idea; **non devi porti limiti**. Rispondi alle seguenti domande:

Che cosa vuoi fare?

Perché vuoi farlo?

Qual è lo scopo?

Quali sono i benefici?

Come saprai di averli ottenuti?

Quando prevedi di goderne i vantaggi?

Dove vorresti che questa idea ti portasse in futuro?

Chi vorresti essere o a chi vorresti assomigliare riguardo a questa idea?

Attività A2 – Perfeziona la visione

Trasferisci in visione la descrizione della tua missione (il *Sogno*). In questo scenario, cosa vedi, cosa senti, cosa provi?

Rispondi alle domande

Quali sensazioni ti suscita?

Dove sei?

In quale tempo?

Cosa dici a te stesso?

Fase 2 – Verificare il progetto

In questa fase, il *Sogno*, rappresentativo della *Missione*, viene sottoposto a valutazione affrontando verifiche e considerazioni in senso *critico* e *realistico*. Se la Missione supera il processo di verifica, si passa alla Fase 3; in caso non vale la pena continuare: la Missione non avrà nessuna speranza di successo.

Attività A3 – Verifica la realizzabilità della missione

Si cerca ora di stabilire degli schemi temporali e dei punti di riferimento per progredire. Assicurati di avere tutte le informazioni necessarie a disposizione e ricorda che i risultati progressivi devono essere verificabili sensorialmente (cioè non devono essere cose astratte).

Rispondi alle domande

Quando l'obiettivo sarà realizzato completamente?

Chi sarà coinvolto? (assegna delle responsabilità e assicurati che l'impegno sia assunto dalle persone che realizzeranno in progetto)

Come sarà messa in pratica questa idea (i passi principali)?

Quale sarà il primo passo?

In base al quale feedback saprai che ti stai avvicinando all'obiettivo o te ne stai allontanando?

Come saprai di aver raggiunto l'obiettivo?

Attività A4 – Verifica le criticità della missione

Sottoponi il progetto a una seria valutazione dei pro e dei contro; assicurati che esso conservi gli effetti positivi e i modi che ti eri proposto per raggiungerlo.

Rispondi alle domande

Chi sarà influenzato da questa nuova idea e chi ne consentirà o ne impedirà una realizzazione efficace?

Che cosa potrebbe obiettare qualcuno rispetto a questo progetto o a questa idea?

Quali guadagni positivi derivano dal modo attuale di fare le cose?

Com'è possibile mantenere questi guadagni positivi mettendo in pratica la nuova idea?

Quando e dove non preferiresti realizzare questo progetto (o questa idea)?

Che cosa è necessario o manca attualmente al progetto?

Fase 3 – Stabilire le tappe

La missione, specie se è impegnativa e di lungo periodo, è bene scomporla in tappe. Ogni tappa rappresenta un obiettivo intermedio posto lungo il percorso che porta al successo finale della missione. Realizzare una missione può equivalere a realizzare tanti obiettivi parziali ognuno gestito con un proprio piano d'azione. Si comincerà per gradi e passi successivi. Cominceremo dal primo obiettivo in ordine cronologico. Il piano del secondo obiettivo potrà essere predisposto al conseguimento del primo (o in prossimità del conseguimento) e così via. Questo non significa dimenticare la missione (la Fase 6 provvederà a questo) ma serve a evitare di costruire piani complessi e dispiegati su periodi troppo lunghi per avere qualche speranza di rimanere immutati. È sufficiente che rimanga immutata la "direzione", cioè la missione, mentre il percorso per arrivarci può anche subire variazioni e deviazioni rispetto al pensiero iniziale. Ogni obiettivo intermedio verrà gestito ricorrendo alla **Strategia Obiettivo/Risultato**.

Attività A5 – Definisci la tappe intermedie

Definisci il piano d'azione utilizzando, se credi, lo Strumento *CA16 – Stabilire il piano d'azione* della Strategia Obiettivo/Risultato. Poi poniti le seguenti fondamentali domande.

Rispondi alle domande

Quali sono, nello specifico, le azioni da compiere, le risorse da attivare, i mezzi da utilizzare, i luoghi e le persone coinvolte, i tempi di realizzazione?

Azioni:

Risorse:

Mezzi:

Luoghi:

Persone:

Tempi:

Qual è la sequenza delle cose da fare?

Puoi prevedere obiettivi a medio termine? Se sì, quali?

In che modo puoi creare sinergie tra questi obiettivi?

Come ti accorgerai che gli obiettivi a medio e a lungo termine saranno stati raggiunti?

Che cosa fai ADESSO per incominciare il processo che ti porta al raggiungimento del tuo obiettivo?

A chi puoi delegare alcune attività?

Quali risorse devi necessariamente attivare subito?

Quali decisioni devi assolutamente prendere ora?

Fase 4 – Affrontare le sfide

Il percorso verso il compimento della missione, definito in Fase 3, può presentare delle "sfide". Le sfide possono presentarsi sotto diversa forma: paure, problemi da superare che implicano di affrontare un serio processo di cambiamento, difficoltà concrete legate alle condizioni ambientali, materiali ecc. In ogni caso, questa è la fase nella quale qualsiasi ostacolo che ponga problemi connessi al senso di inadeguatezza, di impossibilità e di merito devono essere risolti. A questo proposito ti propongo lo Strumento *ID03 – Affrontare la sfida*. In caso di ulteriori problemi residui, il coach potrà utilizzare altri e più specifici strumenti secondo la loro localizzazione rispetto ai livelli neurologici). Superata la Fase 4 con la consapevolezza che le sfide oltre a essere accettabili sono un'occasione di crescita, si passa alla fase successiva.

Attività A6 – Individua problemi e paure

Utilizzando lo *Strumento ID03 – Affrontare la sfida*, esegui la *Fase 1 – Costruire la mappa del percorso* e rispondi alle domande che ti vengono poste.

Attività A7 – Affronta problemi e paure

Utilizzando lo *Strumento ID03 – Affrontare la sfida*, esegui la *Fase 2 – Cominciare il viaggio* e rispondi alle domande che ti vengono poste.

Fase 5 – Allinearsi alla missione

Consiste nell'applicare il processo di **allineamento** dei livelli neurologici alla missione per mantenere spinta emotiva e congruenza di tutti i livelli alla meta desiderata.

Attività A8 – Allinea i livelli alla missione

Crea allineamento mediante lo Strumento *VA10 – Creare*

allineamento verso l'obiettivo o la missione anche utilizzato nella Strategia Obiettivo/Risultato (Capitolo 2). Dopo averlo eseguito verifica il tuo stato finale.

Rispondi alle domande

Questa missione è congruente con le tue convinzioni, i tuoi valori e la tua identità?

Le azioni, le modalità e mezzi necessari al compimento di questa impresa sono congruenti con chi sei e con chi vuoi essere?

Fase 6 – Entrare in azione

Riprendi gli obiettivi intermedi estratti in Fase 3 e, partendo dal primo in ordine di tempo, applica la Strategia Obiettivo/Risultato. **SEGRETO n. 11: la Strategia Mission Driven è strutturata in sei fasi. Ha analogie con la Gestione degli Obiettivi ma è incentrata sull'accettazione della "sfida" e sull'affrontare le paure che la sfida suscita.**

Strategia Mission Driven – Sezione Supporti
ID04 – Affrontare la sfida
Prepara ad affrontare una sfida impegnativa. Da eseguire ogni

volta che senti di dover affrontare una sfida impegnativa che ti richiede di accedere a tutte le tue risorse interiori.

Fase 1: Costruire la mappa del percorso

1. Le esperienze di vita reale, spesso, ci chiamano a intraprendere un "viaggio" che si presenta sotto forma di difficoltà. Per aiutarti a esplorare alcuni degli aspetti decisivi del tuo "viaggio" e prepararti ad esso, scegli un progetto, un passaggio o un'iniziativa nella quale sei coinvolto o che sta pianificando e rivolgiti le seguenti domande:

   Qual è la sfida che devo fronteggiare?

   In questa situazione mi sento più vittima o protagonista?

   Qual è la soglia? Qual è il territorio sconosciuto, fuori dalla zona agevole in cui la crisi mi sta costringendo? Oppure devo entrare per fronteggiare la crisi?

2. Data la sfida che stai affrontando e la soglia che devi oltrepassare, *Qual è la "chiamata all'azione"? Che cosa sei stato "chiamato" a fare o a diventare?*

   Spesso è utile rispondere a queste domande sotto forma di simboli o metafore; per esempio: sono stato chiamato a diventare un'aquila/un guerriero/un mago ecc.

Quali risorse hai e quali ti sono necessarie per crescere pienamente allo scopo di affrontare la sfida, oltrepassare la soglia e adempiere alla tua chiamata?

Chi sono (o saranno) i tuoi "custodi" di queste risorse?

3. Quando hai identificato i tuoi custodi, immagina quale potrebbe essere la loro posizione fisica, vicino a te, per aiutarti nel modo migliore. Mettiti nei panni di ogni custode, uno per uno, e guarda te stesso attraverso i loro occhi. Quale messaggio o consiglio ha ciascun custode per te? Ritorna alla tua prospettiva e ricevi i messaggi.

Fase 2: Cominciare il viaggio

1. Crea una linea del tempo immaginaria sul pavimento. Disponi sulla linea la "chiamata" e la "sfida" nel punto in cui ritieni opportuno collocarle.

2. Posizionati nel presente e percepisci attraverso i sensi qual è la soglia da varcare per fronteggiare efficacemente la sfida. Chiediti:

3. *Cosa mi trattiene? Dov'è la resistenza?*

4. *Qual è l'intenzione positiva della resistenza?*

5. *Quali sono le risorse di cui ho bisogno per soddisfare l'intenzione positiva in maniera nuova e più appropriata?*

6. Rimanendo sempre sulla linea del tempo, lascia il presente e dirigiti verso il futuro, comportandoti "come se" fossi capace di varcare la soglia e andare in un posto nel futuro che rappresenti la missione compiuta. Rimani in questa posizione e prova la sensazione di essere vincente e centrato.

7. Dalla posizione della missione, voltati e guarda indietro verso il presente, dove ti dibatti per varcare la soglia. Da questa posizione, tu diventi custode e sponsor di te stesso, e offri una risorsa e un messaggio al tuo "sé" che si trova nel presente.

8. Ritorna al presente portando il messaggio e le risorse necessarie e trasferiscile nel presente. Rifletti su quanto queste risorse ti siano utili per vincere la resistenza.

9. Con queste risorse, dirigiti adesso verso la posizione che, sulla linea del tempo, rappresenta la chiamata. Rifletti e trai le conclusioni.

SEGRETO n. 12: la Strategia Mission Driven utilizza parte

degli Strumenti della Gestione Obiettivi integrati con strumenti specifici per l'individuazione e il superamento delle paure che la grandezza della missione impone.

RIEPILOGO DEL CAPITOLO 4:

- SEGRETO n.10: La Strategia Mission Driven consente di affrontare una missione di alto valore simbolico o di contenuto, che mette alla prova tutte le nostre risorse umane.

- SEGRETO n. 11: La Strategia Mission Driven è strutturata in sei fasi. Ha analogie con la Gestione degli Obiettivi ma è incentrata sull'accettazione della "sfida" e sull'affrontare le paure che la sfida suscita.

- SEGRETO n. 12: La Strategia Mission Driven utilizza parte degli Strumenti della Gestione Obiettivi integrati con strumenti specifici per l'individuazione e il superamento delle paure che la grandezza della missione impone.

Conclusione

Siamo arrivati alla fine di un viaggio che, per alcuni di voi (forse), è stato lungo e impegnativo. Mi auguro di cuore di esservi stato utile e di avervi messo nelle condizioni di scoprire e accedere a tutte le risorse che vi permetteranno di dare il meglio di voi. Se avete avuto la costanza e l'entusiasmo di arrivare fin qui, davvero avete tutte le potenzialità per rendere le vostre vite ricche e avvincenti. Difficoltà e imprevisti non mancheranno, sono parte della vita reale, ma state certi che il cambiamento è in voi e germoglia vigoroso e desideroso di manifestarsi. Vi invito a ricorrere alle strategie e agli strumenti contenuti in questo corso a intervalli regolari, per valutare come evolvono le cose, rivedendo gli scritti e i risultati precedenti per notare in che direzione vi state muovendo e con quali progressi.

Una nota particolare a chi ha avuto la volontà di seguirmi in tutti i tre corsi. Non ho preteso, né potevo illudermi di riuscirci, di fare di voi dei coach di professione, ma posso assicurarvi di aver selezionato quanto di meglio ed efficace si può trovare in tema di miglioramento personale. Non ho esaurito la materia (né sarebbe stato possibile con questi mezzi) però, siatene certi, avete gli strumenti per affrontare e risolvere moltissimi problemi e conseguire traguardi che prima non osavate sperare. Operate in primo luogo su voi stessi, per acquisire metodi di lavoro e consapevolezza delle vostre capacità, e solo in seguito potrete aspirare a essere veramente di aiuto alle persone a voi care. E ricordate:

È meglio accendere una candela che maledire il buio
(proverbio cinese)

www.ingramcontent.com/pod-product-compliance
Lightning Source LLC
LaVergne TN
LVHW011020200726
843509LV00011B/1161